愚人论道

〔道经卷〕

愚人 著

华夏出版社

图书在版编目(CIP)数据

愚人论道:道经卷/愚人著.—北京:华夏出版社,2013.8
ISBN 978-7-5080-7732-1

Ⅰ.①愚… Ⅱ.①愚… Ⅲ.①道家 ②《道德经》-研究
Ⅳ.①B223.15

中国版本图书馆 CIP 数据核字(2013)第 151025 号

愚人论道:道经卷

著　者	愚　人
责任编辑	贾洪宝
封面设计	侯开江
出版发行	华夏出版社
经　销	新华书店
印　装	三河市李旗庄少明印装厂
版　次	2013 年 8 月北京第 1 版　2013 年 9 月北京第 1 次印刷
开　本	787×1092　1/32 开本
印　张	7.75
字　数	180 千字
定　价	29.00 元

华夏出版社　社址:100028 北京市东直门外香河园北里 4 号
　　　　　　　网址:www.hxph.com.cn　电话:010-64663331(转)
　　　　　　　投稿:hxkwyd@aliyun.com　互动:010-64672903
若发现本版图书有印装质量问题,请与我社营销中心联系调换。

老子名言选粹

上等资质的人听说道以后,勤奋地修行它;

中等资质的人听说道以后,时有时无地修行它;

下等资质的人听说道以后,大声地嘲笑它。

——摘自《道德经》第四十一章

从出生到死亡,人成长的时间,占十分之三;人消亡的时间,占十分之三;

人的生命,由于违反规律被白白浪费的时间,也占十分之三。

这是什么缘故?因为他们生活得过度。

——摘自《道德经》第五十章

古代崇尚道的人都是什么原因?不是说,所有的追求都可以实现,所有的苦难都可以避免吗?因此,道是天下最珍贵的宝贝。

——摘自《道德经》第六十二章

我的话很容易明白,很容易实行,天下人没有人能够明白,没有人能够实行;

天下人因为把违反规律当做知识,所以不知道我的知识;

知道我知识的人越少,我的知识就越珍贵,因此圣人,都是外表平凡而深藏不露的高人。

——摘自《道德经》第七十章

愚人寄语

我是个愚人。

他们说我愚得出奇、愚得出边,说长这么大就没见过像我这么愚蠢的人,说要穿衣服就穿我最不喜欢穿的衣服,说要吃东西就吃我最不喜欢吃的东西,说要做事情就做和我相反的事情。

我是个愚人。

他们说我就像远古的农民,没有文化,没有素质,没有礼貌;说我就像井里的蛤蟆,没见过多大的世面;说我生活在自己一个人的世界里,是自己逗着自己玩,是精神有病。

其间,也有少数的几个人说我是大智若愚,但是,等他们走近了我,等他们了解了我,他们就会说,他哪里有什么大智,简直是愚蠢透顶!

我是个愚人。

许多人都因此嘲笑我,常常笑得前仰后合而欲罢不能,有的甚至笑出了眼泪。每当这个时候,我也常常面露微笑。但是,我之笑和他之笑有着本质的区别,他之笑是笑我太愚蠢,笑为不道;我之笑是笑在不言中,笑即道也。这么简单的道,世人怎么就没有人能识呢?正所谓:世人不道已久矣,见道笑道不识道。

我是个愚人。

我之所以愚蠢,是因为我守道。

中国有一部奇书,叫做《道德经》。上篇《道经》三十七章,讲的是物质变化的规律;下篇《德经》四十四章,讲的是按照规律做事情。我认为此书蕴含着无所不能、无所不及的作用:

其一:它可以消除灾祸给人以平安,它可以消除疾病给人以健康,它可以消除痛苦给人以幸福,它可以解救普天下的百姓于苦难之中。

其二:它可以消除暴力和色情,它可以消除贪污和腐败,它可以消除毒品和犯罪,它可以消除矛盾和争斗,它可以安邦定国太平天下。

其三:它可以消除战争还地球以和平,它可以消除破坏还地球以新生,它可以消除不道还地球以自然,它可以拯救天地、万物、人类于覆灭之虞,它可以作为人类的老师。

因此,著《愚人论道》以传之。

愚 人
于2013年6月18日

前　言

《道德经》，又称《道德真经》、《老子》、《五千言》、《老子五千文》，是中国乃至世界最有影响的一部哲学巨著，全书共八十一章，上篇《道经》三十七章，下篇《德经》四十四章。

相传《道德经》是春秋末年老子所著。老子见周朝衰败，遂西行入秦准备隐居。路过函谷关的时候，在守关将领尹喜的肯请之下，老子著成了《道德经》这部凝聚中华民族绝顶智慧的稀世之作。

《道德经》自古及今一直是中国文化之谜。书中"道"到底是什么，"德"到底是什么，世人无人确知，无人洞晓。古今中外，无数的学人智者，文人高士，无不千方百计、挖空心思地穷究其义，著述之多可谓汗牛充栋，功夫之大堪称极深而研几。但直到今天，老子的哲学思想仍然没有被世人完全领悟。那么，为什么没有人能够彻底解读《道德经》的秘密呢？是世人不够聪明吗？非也！老子在《道德经》第七十章中给出了答案：天下人因为把违反规律当做知识，所以不知道我的知识。

老子因为倡导无为，所以世人对其生平知之甚少。

目前仅知其姓李,名耳,字伯阳,又称老聃,生于公元前571年左右,楚国苦县历乡曲仁里(今河南省鹿邑市太清宫)人。曾做过周朝"守藏室之官"(管理藏书的官员),后隐居。传说老子因修道而长寿,享年160余岁,一说200余岁,其真实寿命无法考证。

《道德经》问世已两千五百多年,在漫长的流传和传抄、刊印过程中,增删、臆改、讹舛等情形在所难免。因此,《道德经》版本众多,异文复杂。本书所用版本,以最大限度地还原老子思想为原则,以王弼注本为基础,兼采各家所长,间以一己之悟。出入异同之处,依古籍整理惯例标识附载书末,以资参照。

本书《愚人论道》分为道经卷和德经卷两卷,道经卷是对道经的解读,德经卷是对德经的解读,特此说明。

目 录

老子名言选粹

愚人寄语

前 言

第 一 章	道可道,非常道 ……………………………	(1)
第 二 章	天下皆知美之为美 ……………………	(5)
第 三 章	不尚贤,使民不争 ……………………	(17)
第 四 章	道冲,而用之或不盈 …………………	(24)
第 五 章	天地不仁,以万物为刍狗 ……………	(30)
第 六 章	谷神不死,是谓玄牝 …………………	(36)
第 七 章	天长地久 ………………………………	(42)
第 八 章	上善若水 ………………………………	(48)
第 九 章	持而盈之,不如其已 …………………	(55)
第 十 章	载营魄抱一,能无离乎? ……………	(60)
第十一章	三十辐共一毂 …………………………	(66)
第十二章	五色令人目盲 …………………………	(71)
第十三章	宠辱若惊,贵大患若身 ………………	(76)
第十四章	视之不见,名曰夷 ……………………	(82)
第十五章	古之善为道者,微妙玄通,深不可识 …	(89)
第十六章	致虚极,守静笃 ………………………	(96)

1

目录

第十七章	太上,下知有之	(102)
第十八章	大道废,有仁义	(107)
第十九章	绝圣弃智,民利百倍	(112)
第二十章	唯之与阿,相去几何?	(118)
第二十一章	孔德之容,惟道是从	(126)
第二十二章	曲则全,枉则直	(132)
第二十三章	希言自然	(139)
第二十四章	企者不立,跨者不行	(146)
第二十五章	有物混成,先天地生	(154)
第二十六章	重为轻根,静为躁君	(161)
第二十七章	善行无辙迹,善言无瑕谪	(166)
第二十八章	知其雄,守其雌,为天下溪	(173)
第二十九章	将欲取天下而为之,吾见其不得已	(179)
第三十章	以道佐人主者,不以兵强天下	(186)
第三十一章	夫兵者,不祥之器	(192)
第三十二章	道常无,名朴,虽小,天下莫能臣	(198)
第三十三章	知人者智,自知者明	(204)
第三十四章	大道泛兮,其可左右	(209)
第三十五章	执大象,天下往	(215)
第三十六章	将欲歙之,必故张之	(221)
第三十七章	道常无为而无不为	(227)

校勘简记 ………………………………………… (233)

知不易,行更难——编后记 ……………………… (237)

《道德经》第一章

①道可道,非常道。

②名可名,非常名。

③无名,天地之始,

④有名,万物之母。

⑤故常无欲以观其妙,

⑥常有欲以观其徼。

⑦此两者同出而异名,同谓之玄。

⑧玄之又玄,众妙之门。

【本章重点字句解读】

①道可道:规律可以说。前一个道指规律,后一个道指说。非常道:特别的规律。

②名可名:规律的名字可以起,前一个名指规律的名字,后一个名指起名。非常名:特别的名字。

③无名:无是规律的名字。天地:代指物质。

④有名:有是规律的名字。万物:代指物质。母:事物据

以产生出来的地方,代指产生。

⑤常无:无这个规律。观其妙:观察它神奇的作用。妙:神奇的作用。

⑥常有:有这个规律。观其徼:观察它生存的寿命。徼:音 jiào,边界,指生存的寿命。

⑦此两者:指无和有(两种规律)。同出:指同出一物。异名:名字不相同。同:同一性。玄:玄妙。

⑧众:众人。妙:奇妙。门:途径,诀窍,指方法。

【本章逐句解读】

①规律可以说,是特别的规律。

②规律的名字可以起,是特别的名字。

③无是规律的名字,它来自物质开始的地方,

④有是规律的名字,它来自物质产生的地方。

⑤因此,无这个规律,要观察它神奇的作用,

⑥有这个规律,要观察它生存的寿命。

⑦无和有(这两种规律)同出一物而名字却不相同,它们的同一性说来很玄妙。

⑧玄妙又玄妙,它们是众人奇妙的方法。

【本章全文解读】

本章主要阐述了以下五个方面的内容：

①道的概念及其性质：

道是规律，规律有两种，一种是无，一种是有。

无与有这两种规律同时存在于每一个物质之中，此乃道的同一性。

无是规律的作用，有是规律的寿命。

②道是物质变化的规律：

每一个物质都是从无到有、从有到无变化的。

因此，从无到有、从有到无是物质变化的规律。

无与有这两种规律同时存在于每一个物质之中。

无这个规律是指：无是从无到有，无是向有变化的；有这个规律是指：有是从有到无，有是向无变化的。

因此，从无到有、从有到无是无与有的变化，

给无与有起个名字叫做道。

因此，道是物质变化的规律；

因此，道是物质从无到有、从有到无的变化，简称道是无与有。

③物质的概念：

存在就是物质。例如：一人一事，一言一行，一山一水，一草一木，天地与万物，思维与空气；可见的与不可见的，有形的与无形的等等；只要它存在，那么它们都是物质。

④有的概念及其与物质的关系：

有是存在，有是物质。

⑤无和有是人类做事情的方法。

【我的应用】

①人生和理想人生：

人生繁杂，事无巨细，有许多解不开的难题，但是，我认为最重要的只有两个：一个是人生的目的，一个是人生的方法。对于这两个问题，每个人都有自己的观点，每个人都自以为正确，每个人都在按照自己的观点去实践。其结果是，有些人失败了，有些人自以为成功了；失败的人满怀痛苦，成功的人也没有快乐。也许这就是世人之所谓的人生，而非我的人生。我的人生应该是健康而没有疾病，幸福而没有痛苦，成功而没有失败的。

②理想人生之道：

老子说，无和有是人类做事情的方法，不禁让我怦然心动！因为我一直在追寻，从我年幼的时候就已经开始了，我所追寻的是理想人生之道。那么，老子之道到底是不是我所追寻的理想人生之道呢？让我们拭目以待。

《道德经》第二章

①天下皆知美之为美,斯恶已。

②皆知善之为善,斯不善已。

③故有无相生,难易相成,长短相形,高下相倾,音声相和,前后相随。

④是以圣人处无为之事,而行不言之教。

⑤万物作焉而弗始,

⑥生而不有,

⑦为而不恃,

⑧功成而不居。

⑨夫唯不居,是以不去。

【本章重点字句解读】

①美之为美:美之所以为美。恶:音è,丑。

②善之为善:善之所以为善。善:善良。

③相生,相成,相形,相倾,相和,相随:指同处一物。

④是以:因此。圣人:有道的高人,非指儒家之圣人。

处：指做事情。无为之事：做无的事情。为：做。不言之教：无言的教育。不言：无言。

⑤作焉：指做起。弗始：从无开始。

⑥生而不有：生长而不占有。生：生长。不有：不占有。

⑦为而不恃：帮助而不占有。为：音 wèi，帮助。不恃：不持有，指不占有。恃：持有。

⑧功成而不居：成功了而不占有。不居：不占有。居：占，占有。

⑨唯：因为。是以：因此，所以。不去：指不消亡。消亡：指减少、变少、消失。

【本章逐句解读】

①天下人都知道美之所以为美，这是因为有丑的存在。（美与丑同处一物。）

②都知道善之所以为善，这是因为有不善的存在。（善与不善同处一物。）

③因此，有和无同处一物，难和易同处一物，长和短同处一物，高和下同处一物，音和声同处一物，前和后同处一物。

④因此，圣人做事情做无的事情，教育人给人以无言的教育。

⑤万物都是从无开始做起的，（无开始物质。）

⑥生长而不占有,(无产生物质,无成长物质。)

⑦帮助而不占有,(无为。)

⑧成功了而不占有。(无为。)

⑨它们因为不占有,所以不消亡。(无为是有不消亡。)

【本章全文解读】

本章通过列举道的同一性,主要阐述了以下六个方面的内容:

①道是无,道是物质从无到有、从有到无的变化。

道是规律,道是无与有,无与有这两种规律在每一个物质中所发挥的作用有着本质上的区别。以下是无在每一个物质中所发挥的作用:

无是向有变化的,无是物质从无到有,无是物质开始、物质产生、物质成长,无是发展物质。

因此,有无是物质发展,简称有无是有发展。(有发展是指有开始、有产生、有成长。)

以下是有在每一个物质中所发挥的作用:

有是向无变化的,有是物质从有到无,有是物质减少、物质变小、物质消失,有是消亡物质。

因此,有是没有无,有是违反无。

因此,没有无、违反无是物质消亡,简称没有无、违反无是有消亡。(有消亡是指有减少、有变小、有消失。)

因此,存在就是物质,每一个物质之中都同时存在着无与有两种截然相反的规律,当该物质有无的时候,该物质就会从无到有变化,即该物质就会开始、产生、成长;当该物质没有无的时候,该物质就会从有到无变化,即该物质就会减少、变小、消失。

因此,规律(道)是无,规律(道)是物质从无到有、从有到无的变化。这就是老子要表达的规律之所在,即道之所在。由此可见,老子给规律所下的定义和人类给规律所下的定义有着本质的区别,这也是老子遵守规律,人类违反规律的理论来源。

②道在每一个物质中所发挥的作用。

道是规律,道是无与有。

无在每一个物质中所发挥的作用是:有无是物质发展,简称有无是有发展。

有在每一个物质中所发挥的作用是:没有无、违反无是物质消亡,简称没有无、违反无是有消亡。

因此,无是物质的规律,简称无是道。(又称物质的规律是无,即道是无)

因此,有是没有规律、违反规律,简称有是无道、不道。

因此,道在每一个物质之中所发挥的作用,即道的规律如下:

有规律是物质发展,简称有道是有发展。

没有规律、违反规律是物质消亡,简称无道、不道是有消亡。

③道是天地、万物、人类变化的规律,天地、万物、人类皆听命于道。

存在就是物质,因此,天地、万物、人类都是物质,是物质都要遵循道的规律,即有道是物质发展,无道、不道是物质消亡。

因此,道是天地、万物、人类变化的规律,天地、万物、人类皆听命于道。

为了便于理解,下面以人为例,详细说明道在人这个物质之中所起的作用:

首先看人从无到有变化:

十月怀胎是无开始人,婴儿出生是无产生人,人一点一点地长大是无成长人,简称无发展人。

因此,有无是人从无到有,有无是人开始、人产生、人成长,简称有无是人发展,又称有无是人不消亡。

其次看人从有到无变化:

人之所以从有到无变化,人之所以减少、变小、消失,是因为有是没有无、违反无,

因此,没有无、违反无是人从有到无,没有无、违反无是人减少、人变小、人消失,简称没有无、违反无是人消亡。

因此,无是人的规律,简称无是道。(又称人的规律是无,即道是无。)

因此,有是没有规律、违反规律,简称有是无道、不道。

因此,道在人这个物质之中所起的作用如下:

有道是人从无到有,有道是人开始、人产生、人成长,简

称有道是人发展,又称有道是人不消亡。

无道、不道是人从有到无,无道、不道是人减少、人变小、人消失,简称无道、不道是人消亡。

因此,道是人变化的规律,每个人都要听命于道。

④人类做事情的方法有两种,一种是无为,一种是有为。

与无和有两种规律相对应的,人类在客观上也存在着以下两种截然相反的做事情的方法:

做无的事情(指做从无到有的事情,做开始、产生、成长物质的事情),简称无为。

做有的事情(指做从有到无的事情,做减少、变小、消失物质的事情),简称有为。

因此,无和有是人类做事情的方法。

因此,人类做事情的方法有两种,一种是无为,一种是有为。

⑤无为与有为两种做事情方法有着本质上的区别。

无为是做规律的事情,无为是物质发展,无为是人有道,无为是人长寿。

无为是做无的事情,无是规律,

因此,无为是做规律的事情。

无为是做无的事情,无发展物质,

因此,无为是物质发展,简称无为是有发展。

无为是人有无,人有无是人有道,人有道是人发展,人发展是人不消亡,人不消亡是身体长存,身体长存是人长寿,因此,无为是人有道,无为是人长寿。

有为是做违反规律的事情,有为是物质消亡,有为是人无道,有为是人短命。

有为是做有的事情,有是违反规律,

因此,有为是做违反规律的事情。

有为是做有的事情,有消亡物质,

因此,有为是物质消亡,简称有为是有消亡。

有为是人没有无,人没有无是人无道,人无道是人消亡,人消亡是身体消失,身体消失是人短命。

因此,有为是人无道,有为是人短命。

⑥无为与有为两种做事情方法的选择。

无为是做规律的事情,无为是物质发展,无为是人有道,无为是人长寿。

有为是做违反规律的事情,有为是物质消亡,有为是人无道,有为是人短命。

因此,选择无为是正确,选择有为是错误。

综上所述:本章通过对以上六个方面内容的阐述告诉我们:每一个物质之中都同时存在着两种截然相反的规律,一种是发展物质的无,一种是消失物质的有;同时,人类也存在着与其相对应的两种截然相反的做事情的方法,一种是做无的事情,即无为,一种是做有的事情,即有为;无为与有为两种做事情方法的本质区别在于,一个是遵守规律,一个是违反规律;一个是发展物质,一个是消失物质;一个是人长寿,一个是人短命。因此,做无的事情而不做有的事情,即无为而不有为是人类正确的选择。因此,人类必须要修正自己错误的做事情方法,必须要从有为,即违反规律,修正为无为,即遵守规律。

【我的应用】

①物质分两类,一类是有道,一类是无道。

请问物质是什么?物质是无与有;

有无是什么?有无是有开始、有产生、有成长;

有开始、有产生、有成长是什么?有开始、有产生、有成长是有发展;

有发展是什么?有发展是有道。

没有无是什么?没有无是有减少、有变小、有消失;

有减少、有变小、有消失是什么?有减少、有变小、有消失是有消亡;

有消亡是什么?有消亡是无道。

因此,物质分两类,一类是有道,一类是无道。

②人生我选择无为放弃有为,凡同于此者皆为有道。

请问无为是什么?无为是有无;

有无是什么?有无是人发展;

人发展是什么?人发展是有道。

请问有为是什么?有为是没有无;

没有无是什么?没有无是人消亡;

人消亡是什么？人消亡是无道。

因此，人生我选择无为放弃有为，凡同于此者皆为有道。

因此，一个人有为一个人走向消亡，一家人有为一家人走向消亡，一个国家有为一个国家走向消亡，世上的所有人都有为，那么这个世界就已经走在消亡的路上了。

③人生我选择节俭放弃奢华，凡同于此者皆为有道。

请问节俭是什么？节俭是有无；

有无是什么？有无是无为；

无为是什么？无为是人发展；

人发展是什么？人发展是有道。

请问奢华是什么？奢华是没有无；

没有无是什么？没有无是有为；

有为是什么？有为是人消亡；

人消亡是什么？人消亡是无道。

因此，人生我选择节俭放弃奢华，凡同于此者皆为有道。

因此，一个人奢华一个人走向消亡，一家人奢华一家人走向消亡，一个国家奢华一个国家走向消亡，世上的所有人都奢华，那么这个世界就已经走在消亡的路上了。

④人生我选择奉献放弃索取，凡同于此者皆为有道。

请问奉献是什么？奉献是有无；

有无是什么？有无是无为；

无为是什么？无为是人发展；

人发展是什么？人发展是有道。

请问索取是什么？索取是没有无；
没有无是什么？没有无是有为；
有为是什么？有为是人消亡；
人消亡是什么？人消亡是无道。
因此，人生我选择奉献放弃索取，凡同于此者皆为有道。
因此，一个人索取一个人走向消亡，一家人索取一家人走向消亡，一个国家索取一个国家走向消亡，世上的所有人都索取，那么这个世界就已经走在消亡的路上了。

⑤人生我选择善良放弃伤害，凡同于此者皆为有道。
请问善良是什么？善良是有无；
有无是什么？有无是无为；
无为是什么？无为是人发展；
人发展是什么？人发展是有道。
请问伤害是什么？伤害是没有无；
没有无是什么？没有无是有为；
有为是什么？有为是人消亡；
人消亡是什么？人消亡是无道。
因此，人生我选择善良放弃伤害，凡同于此者皆为有道。
因此，一个人伤害一个人走向消亡，一家人伤害一家人走向消亡，一个国家伤害一个国家走向消亡，世上的所有人都互相伤害，那么这个世界就已经走在消亡的路上了。

⑥人生我选择尊重放弃指责，凡同于此者皆为有道。
请问尊重是什么？尊重是有无；

有无是什么？有无是无为；

无为是什么？无为是人发展；

人发展是什么？人发展是有道。

请问指责是什么？指责是没有无；

没有无是什么？没有无是有为；

有为是什么？有为是人消亡；

人消亡是什么？人消亡是无道。

因此，人生我选择尊重放弃指责，凡同于此者皆为有道。

因此，一个人指责一个人走向消亡，一家人指责一家人走向消亡，一个国家指责一个国家走向消亡，世上的所有人都互相指责，那么这个世界就已经走在消亡的路上了。

⑦人生我选择诚实放弃欺骗，凡同于此者皆为有道。

请问诚实是什么？诚实是有无；

有无是什么？有无是无为；

无为是什么？无为是人发展；

人发展是什么？人发展是有道。

请问欺骗是什么？欺骗是没有无；

没有无是什么？没有无是有为；

有为是什么？有为是人消亡；

人消亡是什么？人消亡是无道。

因此，人生我选择诚实放弃欺骗，凡同于此者皆为有道。

因此，一个人欺骗一个人走向消亡，一家人欺骗一家人走向消亡，一个国家欺骗一个国家走向消亡，世上的所有人都互相欺骗,那么这个世界就已经走在消亡的路上了。

⑧人生我选择和谐放弃争斗,凡同于此者皆为有道。

请问和谐是什么?和谐是有无;

有无是什么?有无是无为;

无为是什么?无为是人发展;

人发展是什么?人发展是有道。

请问争斗是什么?争斗是没有无;

没有无是什么?没有无是有为;

有为是什么?有为是人消亡;

人消亡是什么?人消亡是无道。

因此,人生我选择和谐放弃争斗,凡同于此者皆为有道。

因此,一个人争斗一个人走向消亡,一家人争斗一家人走向消亡,一个国家争斗一个国家走向消亡,世上的所有人都互相争斗,那么这个世界就已经走在消亡的路上了。

⑨有道是正确,无道是错误。

请问有道是什么?有道是人不消亡;

人不消亡是什么?人不消亡是人长寿;

人长寿是什么?人长寿是正确。

请问无道是什么?无道是人消亡;

人消亡是什么?人消亡是人短命;

人短命是什么?人短命是错误。

因此,有道是正确,无道是错误。

《道德经》第三章

①不尚贤,使民不争。

②不贵难得之货,使民不为盗。

③不见可欲,使民心不乱。

④是以圣人之治,

⑤虚其心,

⑥实其腹;

⑦弱其志,

⑧强其骨;

⑨常使民无知无欲,使夫智者不敢为也。为无为,则无不治。

【本章重点字句解读】

①不尚贤:不尊崇杰出的人才。尚:尊崇。贤:贤人,指杰出的人才。使:让。民:指百姓。不争:不互相争斗。争:争斗。

②不贵:指不崇尚。贵:崇尚。难得:指贵重。货:财物。

不为盗:不做盗贼。为:做。盗:盗贼。

③可欲:指可引起欲望的事物。民心:百姓的思想。心:思想。不乱:不被扰乱。乱:扰乱。

④治:治理。

⑤虚其心:减少百姓的欲望。虚:指减少。其:代指百姓。心:心愿,指欲望。

⑥实其腹:满足百姓的肚子。实:充实,指满足。腹:肚子。

⑦弱其志:减小百姓的志向。弱:指减小。志:志向。

⑧强其骨:强壮百姓的身体。强:强壮。骨:骨骼,指身体。

⑨常:道。无知:不知晓。无欲:没有欲望。使夫智者不敢为也:让那些聪明的人也不敢有为。夫:那些。智者:聪明的人。不敢为:不敢有为。为无为:这就是无为。则无不治:就没有不好治理的国家。

【本章逐句解读】

①不尊崇杰出的人才,让百姓不互相争斗。(无为。)

②不崇尚贵重的财物,让百姓不做盗贼。(无为。)

③不见有欲望的事物,让百姓的思想不被扰乱。(无为。)

④所以,圣人治理国家的方法是,

⑤减少百姓的欲望,(无为。)

⑥满足百姓的肚子;(无为。)

⑦减小百姓的志向,(无为。)

⑧强壮百姓的身体;(无为。)

⑨道是让百姓处于不知晓和没有欲望的状态,让那些聪明的人也不敢有为,这就是无为,无为就没有不好治理的国家。

【本章全文解读】

本章是无为而治在治理国家方面的具体应用,主要阐述了以下五个方面的内容:

①无为而治的概念。

无为是人有道,人有道是万物发展,万物发展是万物不消亡,万物不消亡是没有人做伤害人和伤害万物的事情,没有人做伤害人和伤害万物的事情万物就会得到治理。

因此,无为而治是指:无为就没有人做伤害人和伤害万物的事情,万物就会得到治理。

②在治理国家方面,通过以下八个方面的无为,就没有不好治理的国家。

不尊崇杰出的人才,不崇尚贵重的财物,不见有欲望的事物,减少百姓的欲望,满足百姓的肚子,减小百姓的志向,强壮百姓的身体,让百姓处于不知晓和没有欲望的状态。

③治理国家是要让百姓的思想和行为有道;是要让百姓无为而不有为;是要让百姓做规律的事情,不做违反规律的事情;是要把百姓的身体置于发展之中,不是把百姓的身体置于消亡之中。

④世界上之所以有争斗、有盗贼、有犯罪,是因为世人做事情的方法是有为而不是无为,是因为世人违反规律做事情而不遵守规律做事情,是因为世人做事情的方法错了。

⑤人之道是无而不是有。

【我的应用】

①治理要用无的方法治理,用无的方法治理就没有不好治理的国家。

请问治理要用无的方法治理是什么？治理要用无的方法治理是无为;

无为是什么？无为是人发展;

人发展是什么？人发展是百姓不消亡;

百姓不消亡是什么？百姓不消亡是国家有道。

因此,治理要用无的方法治理,用无的方法治理就没有不好治理的国家。

②不尊崇杰出的人才、不崇尚贵重的财物、不见有欲望的事物,凡同于此者皆为有道。

请问不尊崇杰出的人才、不崇尚贵重的财物、不见有欲望的事物是什么？

不尊崇杰出的人才、不崇尚贵重的财物、不见有欲望的事物是无为；

无为是什么？无为是人发展；

人发展是什么？人发展是百姓不消亡；

百姓不消亡是什么？百姓不消亡是国家有道。

因此，不尊崇杰出的人才、不崇尚贵重的财物、不见有欲望的事物，凡同于此者皆为有道。

③减少百姓的欲望、减小百姓的志向，凡同于此者皆为有道。

请问减少百姓的欲望、减小百姓的志向是什么？减少百姓的欲望、减小百姓的志向是无为；

无为是什么？无为是人发展；

人发展是什么？人发展是百姓不消亡；

百姓不消亡是什么？百姓不消亡是国家有道。

因此，减少百姓的欲望、减小百姓的志向，凡同于此者皆为有道。

④满足百姓的肚子、强壮百姓的身体，凡同于此者皆为有道。

请问满足百姓的肚子、强壮百姓的身体是什么？满足百姓的肚子、强壮百姓的身体是无为；

无为是什么？无为是人发展；

人发展是什么？人发展是百姓不消亡；

百姓不消亡是什么？百姓不消亡是国家有道。

因此，满足百姓的肚子、强壮百姓的身体，凡同于此者皆为有道。

⑤让百姓处于不知晓和没有欲望的状态，凡同于此者皆为有道。

请问让百姓处于不知晓和没有欲望的状态是什么？让百姓处于不知晓和没有欲望的状态是无为；

无为是什么？无为是人发展；

人发展是什么？人发展是百姓不消亡；

百姓不消亡是什么？百姓不消亡是国家有道。

因此，让百姓处于不知晓和没有欲望的状态，凡同于此者皆为有道。

⑥什么是社会和谐？什么是国家安定？

请问社会和谐、国家安定是什么？社会和谐、国家安定是人不消亡；

人不消亡是什么？人不消亡是有道；

有道是什么？有道是百姓都无为。

因此，社会和谐，国家安定，是百姓都无为，是百姓都有道。

⑦无为就不会有灾祸，就不会有疾病，就不会有痛苦。

请问没有灾祸、没有疾病、没有痛苦是什么？没有灾祸、没有疾病、没有痛苦是人不消亡；

人不消亡是什么？人不消亡是有道；

有道是什么？有道是无为。

因此，无为就不会有灾祸，就不会有疾病，就不会有痛苦。

⑧无为就不会有暴力和色情，就不会有贪污和腐败，就不会有毒品和犯罪。

请问没有暴力和色情，没有贪污和腐败，没有毒品和犯罪是什么？

没有暴力和色情，没有贪污和腐败，没有毒品和犯罪是人不消亡；

人不消亡是什么？人不消亡是有道；

有道是什么？有道是无为。

因此，无为就不会有暴力和色情，就不会有贪污和腐败，就不会有毒品和犯罪。

⑨无为就不会有矛盾和争斗，就不会有强行和霸权，就不会有侵略和战争。

请问没有矛盾和争斗，没有强行和霸权，没有侵略和战争是什么？

没有矛盾和争斗，没有有强行和霸权，没有侵略和战争是人不消亡；

人不消亡是什么？人不消亡是有道；

有道是什么？有道是无为。

因此，无为就不会有矛盾和争斗，就不会有强行和霸权，就不会有侵略和战争。

《道德经》第四章

①道冲,而用之或不盈。

②渊兮似万物之宗。

③挫其锐,

④解其纷;

⑤和其光,

⑥同其尘。

⑦湛兮似或存。

⑧吾不知其谁之子,象帝之先。

【本章重点字句解读】

①道冲:物质的规律是无。道:指物质的规律。冲:空虚,指无。用之或不盈:使用它有不能过度。用之:使用它。或:有。不盈:不溢出,指不能过度。盈:溢出。

②渊:深奥。似:好像。宗:家族的上辈,民族的祖先,代指本源。

③挫其锐:减少它们的锐气,指减少无和有。挫:使减小

或使降低,这里指减少。锐:锐气。

④解其纷:调和它们的纷争,指用无中和有。解:调和,指调节中和。纷:纷争。

⑤和其光:相安它们在高位,指使有和无相安在高位。和:相安。光:太阳,代指高位。

⑥同其尘:相安它们在低位,指使有和无相安在低位。同:相同,一样,共同,指相安。尘:尘土,代指低位。

⑦湛:深奥。似或存:好像是有存在。似:好像。存:存在。

⑧吾不知其谁之子:我不知道它是谁的子孙,指我不知道它是怎样产生的。帝:天帝,上帝,宗教徒或神话中称宇宙的创造者和主宰者,这里代指宇宙。先:以前。

【本章逐句解读】

①物质的规律是无,使用它有不能过度。

②深奥啊,它好像是万物的本源。

③减少无和有,

④用无中和有;

⑤使有和无相安在高位,

⑥使有和无相安在低位。

⑦ 深奥啊,它好像是有存在。

⑧我不知道它是怎样产生的,看样子产生在宇宙出现以前。

【本章全文解读】

本章主要阐述了以下六个方面的内容:

①物质的规律是无,即道是无。

②道是万物的本源。

③道的使用原则:无不能使有过度,无过度是有为,无过度是不道。

④道的使用方法:

减少无和有,

用无中和有,

使有和无相安在高位,

使有和无相安在低位。

⑤道是对自然的描述,道实质上阐述的是无与有,即无与物质的关系。

⑥道产生于宇宙出现以前。

【我的应用】

①酸甜苦辣咸,过则伤人。

请问酸甜苦辣咸过度是什么？酸甜苦辣咸过度是无过度;

无过度是什么？无过度是有为；

有为是什么？有为是不道；

不道是什么？不道是人消亡；

人消亡是什么？人消亡是伤人。

因此，酸甜苦辣咸，过则伤人。

②寒冷燥湿热，多则生病。

请问寒冷燥湿热多是什么？寒冷燥湿热多是无过度；

无过度是什么？无过度是有为；

有为是什么？有为是不道；

不道是什么？不道是人消亡；

人消亡是什么？人消亡是生病。

因此，寒冷燥湿热，多则生病。

③风霜雨雪雾，大则有害。

请问风霜雨雪雾大是什么？风霜雨雪雾大是无过度；

无过度是什么？无过度是不道；

不道是什么？不道是人消亡；

人消亡是什么？人消亡是有害。

因此，风霜雨雪雾，大则有害。

④交通拥堵，是因为车辆太多。

请问交通拥堵是什么？交通拥堵是路消亡；

路消亡是什么？路消亡是有为；

有为是什么？有为是不道；

不道是什么？不道是无过度；

无过度是什么？无过度是车辆太多。
因此，交通拥堵，是因为车辆太多。

⑤身体肥胖，是因为吃得太多。
请问身体肥胖是什么？身体肥胖是人消亡；
人消亡是什么？人消亡是有为；
有为是什么？有为是不道；
不道是什么？不道是无过度；
无过度是什么？无过度是吃得太多。
因此，身体肥胖，是因为吃得太多。

⑥生活成本越来越高，是因为追求过度。
请问生活成本越来越高是什么？生活成本越来越高是人消亡；
人消亡是什么？人消亡是有为；
有为是什么？有为是不道；
不道是什么？不道是无过度；
无过度是什么？无过度是追求过度。
因此，生活成本越来越高，是因为追求过度。

⑦工作压力越来越大，是因为追求过度。
请问工作压力越来越大是什么？工作压力越来越大是人消亡；
人消亡是什么？人消亡是有为；
有为是什么？有为是不道；
不道是什么？不道是无过度；

无过度是什么？无过度是追求过度。

因此，工作压力越来越大，是因为追求过度。

⑧空气污染越来越重，是因为追求过度。

请问空气污染越来越重是什么？空气污染越来越重是人消亡；

人消亡是什么？人消亡是有为；

有为是什么？有为是不道；

不道是什么？不道是无过度；

无过度是什么？无过度是追求过度。

因此，空气污染越来越重，是因为追求过度。

⑨生存环境越来越差，是因为追求过度。

请问生存环境越来越差是什么？生存环境越来越差是人消亡；

人消亡是什么？人消亡是有为；

有为是什么？有为是不道；

不道是什么？不道是无过度；

无过度是什么？无过度是追求过度。

因此，生存环境越来越差，是因为追求过度。

《道德经》第五章

①天地不仁,以万物为刍狗;

②圣人不仁,以百姓为刍狗。

③天地之间,其犹橐龠乎?

④虚而不屈,

⑤动而愈出。

⑥多言数穷,

⑦不如守中。

【本章重点字句解读】

①不仁:没有偏爱。为:当做。刍狗:古代祭祀时用草扎成的狗,这里代指无。刍,音 chú。

②圣人:有道的高人,非指儒家之圣人。

③天地之间:天地之间的物质。犹:如同。橐龠:音 tuóyuè,风箱。

④虚:无。不屈:没有开始拉动。屈:使弯曲,指拉动。

⑤动:拉动。愈:越,指越来越大。出:产生,生长。

⑥多言:话多。数穷:数量超过极限。穷:极限。

⑦守:保持。中:适中。

【本章逐句解读】

①天地没有偏爱,把万物当做无;(天地无为,万物的规律是无。)

②圣人没有偏爱,把百姓当做无。(圣人无为,百姓的规律是无。)

③天地之间的物质,它们不就如同一个风箱吗?

④无是由于没有开始拉动,

⑤一旦开始拉动,风就会产生,而且越来越大。(无开始有,无产生有,无成长有。)

⑥话多了数量就会超过极限,(无大了有就会过度。)

⑦不如保持适中。(无要守中。)

【本章全文解读】

本章主要阐述了以下五个方面的内容:

①天地、万物、人类的规律是无,即道是无。

②无是有道,有是无道、不道。

③无发展物质:无是向有变化的,无是从无到有,无是有开始、有产生、有成长,简称无是有发展。

④物质发展的过程规律。

无开始有,无产生有,无成长有,即无开始物质,无产生物质,无成长物质。

因此,任何物质的发展都遵循无开始有、无产生有、无成长有,简称无发展有的物质发展过程规律。下面举例加以说明:

无开始有:任何物质都是从无开始做起的。一棵大树是从播撒树种开始做起的,一栋高楼是从设计图纸开始做起的,这就是无开始有。

无产生有:任何物质都是从无产生的。一棵大树是从无产生的,一栋高楼也是从无产生的,这就是无产生有。

无成长有:任何物质的成长都是在无的条件下进行的,都是无的结果。幼小的树苗之所以成长为参天大树,是因为没有人砍伐它,没有人毁坏它,没有人占有它,这就是无成长有。

⑤道的使用原则。

无不能使有过度,无过度是有为,无过度是不道。

无不能使有不足,无不足是有为,无不足是不道。

无要守中。

【我的应用】

①冷与热皆为不道,故有道者不处。

请问冷与热是什么?冷与热是无不足和无过度;

无不足和无过度是什么？无不足和无过度是有为；

有为是什么？有为是人消亡；

人消亡是什么？人消亡是不道。

因此,冷与热皆为不道,故有道者不处。

②饥和饱皆为不道,故有道者不处。

请问饥和饱是什么？饥和饱是无不足和无过度；

无不足和无过度是什么？无不足和无过度是有为；

有为是什么？有为是人消亡；

人消亡是什么？人消亡是不道。

因此,饥和饱皆为不道,故有道者不处。

③美与丑皆为不道,故有道者不处。

请问美与丑是什么？美与丑是无过度和无不足；

无过度和无不足是什么？无过度和无不足是有为；

有为是什么？有为是人消亡；

人消亡是什么？人消亡是不道。

因此,美与丑皆为不道,故有道者不处。

④富有与贫穷,自卑与自信,皆为不道,故有道者不处。

请问富有与贫穷是什么？富有与贫穷是无过度和无不足；

无过度和无不足是什么？无过度和无不足是有为；

有为是什么？有为是人消亡；

人消亡是什么？人消亡是不道。

请问自卑与自信是什么？自卑与自信是无不足和无过

度;

无不足和无过度是什么?无不足和无过度是有为;

有为是什么?有为是人消亡;

人消亡是什么?人消亡是不道。

因此,富有与贫穷,自卑与自信,皆为不道,故有道者不处。

⑤吃饭要控制量,穿衣要控制度,凡同于此者皆为有道。

请问吃饭要控制量,穿衣要控制度是什么?

吃饭要控制量,穿衣要控制度是无要守中;

无要守中是什么?无要守中是无不能过度、无不能不足;

无不能过度、无不能不足是什么?无不能过度、无不能不足是无为;

无为是什么?无为是人发展;

人发展是什么?人发展是有道。

因此,吃饭要控制量,穿衣要控制度,凡同于此者皆为有道。

⑥热了就要减少衣服,冷了就要增加衣服,凡同于此者皆为有道。

请问热了就要减少衣服、冷了就要增加衣服是什么?

热了就要减少衣服、冷了就要增加衣服是无要守中;

无要守中是什么?无要守中是无为;

无为是什么?无为是人发展;

人发展是什么？人发展是有道。

因此,热了就要减少衣服,冷了就要增加衣服,凡同于此者皆为有道。

⑦更快、更高、更强不是道,故有道者不处。

请问更快、更高、更强是什么？更快、更高、更强是无过度；

无过度是什么,无过度是人消亡；

人消亡是什么？人消亡是不道。

因此,更快,更高,更强不是道,故有道者不处。

⑧最疼爱孩子的人反而是伤害孩子最深的人,故有道者不处。

请问最疼爱孩子的人是什么？最疼爱孩子的人是无最过度；

无最过度是什么？无最过度是人最消亡；

人最消亡是什么？人最消亡是伤害孩子最深。

因此,最疼爱孩子的人反而是伤害孩子最深的人,故有道者不处。

⑨人不能过度,人不能不足,凡同于此者皆为有道。

请问人不能过度、人不能不足是什么？人不能过度、人不能不足是无要守中；

无要守中是什么？无要守中是无为；

无为是什么？无为是人发展；

人发展是什么？人发展是有道。

因此,人不能过度,人不能不足,凡同于此者皆为有道。

《道德经》第六章

①谷神不死,是谓玄牝。

②玄牝之门,是谓天地根。

③绵绵若存,用之不勤。

【本章重点字句解读】

①谷神:掌管谷物丰歉的神,这里代指道。死:指消亡。玄牝:音 xuánpìn,道最大。玄:深,厚,代指最大。牝:雌性的鸟或兽,代指道。

②门:途径,诀窍,这里指方法。天地根:天地的本源。根:本源。

③绵绵:延续不绝的样子。若:如此,这样。存:生存。不勤:不枯竭。

【本章逐句解读】

①道不消亡,叫做道最大。

②道最大的方法,叫做天地的本源。

③它延续不绝地如此生存着,使用它永不枯竭。

【本章全文解读】

本章主要阐述了以下八个方面的内容：

①道最大的概念：道不消亡叫做道最大。

②道最大的方法：无为。

③道最大的过程：无开始道，无产生道，无成长道，简称无发展道。

④道消失的过程：有减少道，有变小道，有消失道，简称有消亡道。

⑤无与道的关系：

无是道从无到有，无是道开始、道产生、道成长，简称无是道发展。

没有无、违反无是道从有到无，没有无、违反无是道减少、道变小、道消失，简称没有无、违反无是道消亡。

有无则有道，没有无、违反无则无道。

⑥道的变化规律：从无到有，从有到无。

有道是道从无到有，有道是道开始、道产生、道成长，简称有道是道发展；

无道、不道是道从有到无，无道、不道是道减少、道变小、道消失，简称无道、不道是道消亡。

⑦道取之不尽用之不竭。

⑧道是无而不是有。

【我的应用】

①无为是道发展,有为是道消亡。

请问无为是什么?无为是有道;

有道是什么?有道是道开始、道产生、道成长;

道开始、道产生、道成长是什么?道开始、道产生、道成长是道发展。

请问有为是什么?有为是不道;

不道是什么?不道是道减少、道变少、道消失;

道减少、道变少、道消失是什么?道减少、道变少、道消失是道消亡。

因此,无为是道发展,有为是道消亡。

②无为是道不消亡,无为是道最大。

请问无为是什么?无为是有道;

有道是什么?有道是道不消亡;

道不消亡是什么?道不消亡是道最大。

因此,无为是道不消亡,无为是道最大。

③目不久视,耳不久听,身不久动,凡同于此者皆为有道。

请问目不久视、耳不久听、身不久动是什么?

目不久视、耳不久听、身不久动是无不过度;

无不过度是什么?无不过度是道不消亡;

道不消亡是什么?道不消亡是有道。

因此,目不久视,耳不久听,身不久动,凡同于此者皆为有道。

④坐不极疲,站不极乏,走不极累,凡同于此者皆为有道。

请问坐不极疲、站不极乏、走不极累是什么?

坐不极疲、站不极乏、走不极累是无不过度;

无不过度是什么?无不过度是道不消亡;

道不消亡是什么?道不消亡是有道。

因此,坐不极疲,站不极乏,走不极累,凡同于此者皆为有道。

⑤餐不极饿,饮不极渴,睡不极困,凡同于此者皆为有道。

请问餐不极饿、饮不极渴、睡不极困是什么?

餐不极饿、饮不极渴、睡不极困是无为;

无为是什么?无为是道不消亡;

道不消亡是什么?道不消亡是有道。

因此,餐不极饿,饮不极渴,睡不极困,凡同于此者皆为有道。

⑥在世界战略大格局中,我选择无为,放弃有为,凡同于此者皆为有道。

请问在世界战略大格局中,我选择无为,放弃有为是什么?

在世界战略大格局中,我选择无为,放弃有为是道不消亡;

道不消亡是什么?道不消亡是有道。

因此,在世界战略大格局中,我选择无为,放弃有为,凡同于此者皆为有道。

⑦不有为,河流就不会被污染,草原就不会被沙化,森林

就不会被砍伐。

请问河流不会被污染、草原不会被沙化、森林不会被砍伐是什么？

河流不会被污染、草原不会被沙化、森林不会被砍伐是无不过度；

无不过度是什么？无不过度是道不消亡；

道不消亡是什么？道不消亡是不有为。

因此，不有为，河流就不会被污染，草原就不会被沙化，森林就不会被砍伐。

⑧不有为，就不会有温室效应，就不会有臭氧空洞，就不会有资源危机。

请问不会有温室效应、不会有臭氧空洞、不会有资源危机是什么？

不会有温室效应、不会有臭氧空洞、不会有资源危机是无不过度；

无不过度是什么？无不过度是道不消亡；

道不消亡是什么？道不消亡是不有为。

因此，不有为，就不会有温室效应，就不会有臭氧空洞，就不会有资源危机。

⑨道开始、道产生、道成长都是有道，道减少、道变小、道消失都是不道。

请问道开始、道产生、道成长是什么？

道开始、道产生、道成长是道发展；

道发展是什么？道发展是有道。

请问道减少、道变小、道消失是什么？

道减少、道变小、道消失是道消亡；

道消亡是什么？道消亡是不道。

因此，道开始、道产生、道成长都是有道，道减少、道变小、道消失都是不道。

《道德经》第七章

①天长地久。

②天地所以能长且久者,以其不自生,故能长生。

③是以圣人后其身而身先,

④外其身而身存。

⑤非以其无私邪?

⑥故能成其私。

【本章重点字句解读】

①天长地久:天地道最大。长、久:指道最大。

②能长且久者:能够道最大。以:因为。不自生:不是为了自己而生存。

③后其身:把他的身体放在众人之后。身先:身体反而能领先。

④外其身:把他的身体置之度外。外:置之度外。身存:身体反而长存,

⑤无私:无己,没有自己,代指无为。

⑥成其私：成全他自己。

【本章逐句解读】

①天地道最大。

②天地之所以能够道最大，是因为它们不是为了自己而生存，所以能够道最大。（道最大是因为无为。）

③因此，圣人把他的身体放在众人之后，他的身体反而能领先，（道最大则有最大。）

④把他的身体置之度外，他的身体反而能长存。（道最大则有最大。）

⑤不是因为他无为吗？（无为是道最大。）

⑥因此，能够成全他自己。

【本章全文解读】

本章主要阐述了以下四个方面的内容：

①道最大的方法是无为。

②道与有的关系。

有道是从无到有，有道是有开始、有产生、有成长，简称有道是有发展，

无道、不道是从有到无，无道、不道是有减少、有变小、有消失，简称无道、不道是有消亡。

有道则有物，无道则无物。

道最大则有最大,道小则有小,道有多大有就有多大。

③有的变化规律:从无到有,从有到无。

④道是无而不是有。

【我的应用】

①领先之道。

请问领先是什么? 领先是道不消亡;

道不消亡是什么? 道不消亡是道最大;

道最大是什么? 道最大是无为;

无为是什么? 无为是有道。

因此,领先之道在于无为,在于有道。

②长寿之道。

请问长寿是什么? 长寿是道不消亡;

道不消亡是什么? 道不消亡是道最大;

道最大是什么? 道最大是无为;

无为是什么? 无为是有道。

因此,长寿之道在于无为,在于有道。

③无己者,大道也!

请问无己者是什么? 无己者是无为;

无为是什么? 无为是道不消亡;

道不消亡是什么? 道不消亡是道最大;

道最大是什么? 道最大是大道。

因此,无己者,大道也!

④得到要用无的方法,不用有的方法,凡同于此者皆为有道。

请问得到要用无的方法是什么?得到要用无的方法是无为;

无为是什么?无为是道发展;

道发展是什么?道发展是有道。

请问得到不用有的方法是什么?得到不用有的方法是不有为;

不有为是什么?不有为是道不消亡;

道不消亡是什么?道不消亡是有道。

因此,得到要用无的方法,不用有的方法,凡同于此者皆为有道。

⑤如果财物必须以伤害为代价,那么我宁愿选择贫穷,凡同于此者皆为有道。

请问如果财物必须以伤害为代价,那么我宁愿选择贫穷是什么?

如果财物必须以伤害为代价,那么我宁愿选择贫穷是无为;

无为是什么?无为是道不消亡;

道不消亡是什么?道不消亡是有道。

因此,如果财物必须以伤害为代价,那么我宁愿选择贫穷,凡同于此者皆为有道。

⑥添加剂、防腐剂、膨大剂、生长剂不是道,故有道者不

处。

请问添加剂、防腐剂、膨大剂、生长剂是什么？

添加剂、防腐剂、膨大剂、生长剂是无过度；

无过度是什么？无过度是有为；

有为是什么？有为是道消亡；

道消亡是什么？道消亡是不道。

因此，添加剂、防腐剂、膨大剂、生长剂不是道，故有道者不处。

⑦农药、化肥、转基因不是道，故有道者不处。

请问农药、化肥、转基因是什么？农药、化肥、转基因是无过度；

无过度是什么？无过度是有为；

有为是什么？有为是道消亡；

道消亡是什么？道消亡是不道。

因此，农药、化肥、转基因不是道，故有道者不处。

⑧制售假冒伪劣及其有毒的食品不是道，故有道者不处。

请问制售假冒伪劣及其有毒的食品是什么？制售假冒伪劣及其有毒的食品是无过度；

无过度是什么？无过度是有为；

有为是什么？有为是道消亡；

道消亡是什么？道消亡是不道。

因此，制售假冒伪劣及其有毒的食品不是道，故有道者不处。

⑨道者顺自然而为,有者逆自然而做。
请问顺自然而为是什么？顺自然而为是无为；
无为是什么？无为是道不消亡；
道不消亡是什么？道不消亡是道者。
请问逆自然而做是什么？逆自然而做是有为；
有为是什么？有为是道消亡；
道消亡是什么？道消亡是有者。
因此,道者顺自然而为,有者逆自然而做。

《道德经》第八章

①上善若水。

②水善利万物而不争,处众人之所恶,故几于道。

③居善地,

④心善渊,

⑤与善仁,

⑥言善信,

⑦政善治,

⑧事善能,

⑨动善时。

⑩夫唯不争,故无忧。

【本章重点字句解读】

①上善:最善于用道的人。若水:像水一样。

②水善利:水善于利益。处:处身于。所恶:所厌恶的地方。几于道:接近于道。

③居:居住。善地:有道的地方。善:代指道。

④心:心愿,即欲望。渊:深,指较低的地方。

⑤与:交往。仁:仁厚。

⑥言:说话。信:诚实。

⑦政:做官。治:治本。

⑧事:事情。能:能够做。

⑨动:行动。时:时机。

⑩唯:因为。不争:不与人争。无忧:没有忧患。

【本章逐句解读】

①最善于用道的人就像水一样。(无为。)

②水善于利益万物而不与其相争,总是处身于众人所厌恶的地方,所以,几乎接近于道。

③把身体居住在有道的地方,(无为。)

④把心愿放在有道的较低的位置,(无为。)

⑤把交往放在有道的仁厚的位置,(无为。)

⑥把说话放在有道的诚实的位置,(无为。)

⑦把做官放在有道的治本的位置,(无为。)

⑧把事情放在有道的能够做的位置,(无为。)

⑨把行动放在有道的时机的位置。(无为。)

⑩他们因为不与人争,所以,没有忧患。(无为是人不消亡。)

【本章全文解读】

本章主要阐述了以下七个方面的内容:

①有道的人无为。

②自然是道。

③无为是道。

④无为是人不消亡。

⑤从水道中,老子悟出了居住、心愿、交往、说话、为官、做事情、行动等七个方面的做人之道。

⑥不争就是道。

⑦人之道是无而不是有。

【我的应用】

①做人要做无为的人,为官要做无为的官。

请问做人是什么?做人是无为;

无为是什么?无为是道不消亡;

道不消亡是什么?道不消亡是长寿。

请问为官是什么?为官是无为;

无为是什么?无为是道不消亡;

道不消亡是什么?道不消亡是天地、万物、人类生生不息。

因此,做人要做无为的人,为官要做无为的官。

②真实的人有道,虚伪的人无道。

请问真实的人是什么？真实的人是有无；

有无是什么？有无是无为；

无为是什么？无为是人不消亡；

人不消亡是什么？人不消亡是有道。

请问虚伪的人是什么？虚伪的人是没有无；

没有无是什么？没有无是有为；

有为是什么？有为是人消亡；

人消亡是什么？人消亡是无道。

因此,真实的人有道,虚伪的人无道。

③有信用者有道,无信用者无道。

请问有信用者是什么？有信用者是有无；

有无是什么？有无是无为；

无为是什么？无为是人不消亡；

人不消亡是什么？人不消亡是有道。

请问无信用者是什么？无信用者是没有无；

没有无是什么？没有无是有为；

有为是什么？有为是人消亡；

人消亡是什么？人消亡是无道。

因此,有信用者有道,无信用者无道。

④表里如一者有道,表里不一者无道。

○ 第八章

请问表里如一者是什么？表里如一者是有无；
有无是什么？有无是无为；
无为是什么？无为是人不消亡；
人不消亡是什么？人不消亡是有道。
请问表里不一者是什么？表里不一者是没有无；
没有无是什么？没有无是有为；
有为是什么？有为是人消亡；
人消亡是什么？人消亡是无道。
因此，表里如一者有道，表里不一者无道。

⑤言行一致者有道，言行不一者无道。
请问言行一致者是什么？言行一致者是有无；
有无是什么？有无是无为；
无为是什么？无为是人不消亡；
人不消亡是什么？人不消亡是有道。
请问言行不一者是什么？言行不一者是没有无；
没有无是什么？没有无是有为；
有为是什么？有为是人消亡；
人消亡是什么？人消亡是无道。
因此，言行一致者有道，言行不一者无道。

⑥与世无争者有道，比赛竞争者无道。
请问与世无争者是什么？与世无争者是有无；
有无是什么？有无是无为；
无为是什么？无为是人不消亡；

人不消亡是什么？人不消亡是有道。

请问比赛竞争者是什么？比赛竞争者是没有无；

没有无是什么？没有无是有为；

有为是什么？有为是人消亡；

人消亡是什么？人消亡是无道。

因此，与世无争者有道，比赛竞争者无道。

⑦力所能及者有道，力所不及者无道。

请问力所能及者是什么？力所能及者是有无；

有无是什么？有无是无为；

无为是什么？无为是人不消亡；

人不消亡是什么？人不消亡是有道。

请问力所不及者是什么？力所不及者是没有无；

没有无是什么？没有无是有为；

有为是什么？有为是人消亡；

人消亡是什么？人消亡是无道。

因此，力所能及者有道，力所不及者无道。

⑧养儿防老、传宗接代、施恩图报、助人为己不是道，故有道者不处。

请问养儿防老、传宗接代、施恩图报、助人为己是什么？养儿防老、传宗接代、施恩图报、助人为己是违反无；

违反无是什么？违反无是有为；

有为是什么？有为是人消亡；

人消亡是什么？人消亡是不道。

因此,养儿防老、传宗接代、施恩图报、助人为己不是道,故有道者不处。

⑨圣人教人以无,世人教人以有。

请问教人以无是什么?教人以无是有无;

有无是什么?有无是无为;

无为是什么?无为是道不消亡;

道不消亡是什么?道不消亡是圣人。

请问教人以有是什么?教人以有是没有无;

没有无是什么?没有无是有为;

有为是什么?有为道消亡;

道消亡是什么?道消亡是世人。

因此,圣人教人以无,世人教人以有。

《道德经》第九章

①持而盈之,不如其已。

②揣而锐之,不可常保。

③金玉满堂,莫之能守;

④富贵而骄,自遗其咎。

⑤功成身退,天之道也。

【本章重点字句解读】

①持:拿着。盈:满器,指充满水。其:极,甚,指赶快。已:停止。

②揣:怀里揣着。锐:锋利。常:永远。保:护着不让受伤害。

③金玉:黄金和美玉。满堂:装满高大的房子。守:看守。

④富:财产、财物多,指有钱人。贵:高贵,指有地位的人。骄:指骄傲自大。自遗其咎:自取灾祸。

⑤功成:指有了功劳和成绩。身退:自己反而退隐。退:

退隐,隐没。天之道:自然之道。

【本章逐句解读】

①拿着充满水的容器走路,不如赶快停止。(无不能使有过度。)

②怀里揣着锋利的尖刀,不可能永远不受到它的伤害。(无过度人消亡。)

③黄金和美玉装满高大的房子,不知道你能看守住多久;(无是有的本源。)

④有钱人有地位的人骄傲自大,是自取灾祸。(无过度人消亡。)

⑤有了功劳和成绩自己反而退隐了,是自然之道。(无为是自然之道。)

【本章全文解读】

本章主要阐述了以下五个方面的内容:

①无不能追求极致,无不能使有过度。

②无过度有消亡是自然的规律。

③无是有的本源,有最后都要回到无的状态。

④无为是自然之道。

⑤人之道是无而不是有。

【我的应用】

①溺爱不如不溺,保险不如不保,凡同于此者皆为有道。

请问溺爱不如不溺,保险不如不保是什么?溺爱不如不溺,保险不如不保是无不过度;

无不过度是什么?无不过度是道不消亡;

道不消亡是什么?道不消亡是有道。

因此,溺爱不如不溺,保险不如不保,凡同于此者皆为有道。

②养生不如不养,出名不如不出,凡同于此者皆为有道。

请问养生不如不养,出名不如不出是什么?养生不如不养,出名不如不出是无不过度;

无不过度是什么?无不过度是道不消亡;

道不消亡是什么?道不消亡是有道。

因此,养生不如不养,出名不如不出,凡同于此者皆为有道。

③骗人不如不骗,防人不如不防,凡同于此者皆为有道。

请问骗人不如不骗,防人不如不防是什么?骗人不如不骗,防人不如不防是无不过度;

无不过度是什么?无不过度是道不消亡;

道不消亡是什么?道不消亡是有道。

因此,骗人不如不骗,防人不如不防,凡同于此者皆为有道。

④广告不如不告,发明不如不发,凡同于此者皆为有道。

请问广告不如不告,发明不如不发是什么?广告不如不告,发明不如不发是无不过度;

无不过度是什么?无不过度是道不消亡;

道不消亡是什么?道不消亡是有道。

因此,广告不如不告,发明不如不发,凡同于此者皆为有道。

⑤娱乐不如不娱,夸人不如不夸,凡同于此者皆为有道。

请问娱乐不如不娱,夸人不如不夸是什么?娱乐不如不娱,夸人不如不夸是无不过度;

无不过度是什么?无不过度是道不消亡;

道不消亡是什么?道不消亡是有道。

因此,娱乐不如不娱,夸人不如不夸,凡同于此者皆为有道。

⑥励志不如不励,创业不如不创,凡同于此者皆为有道。

请问励志不如不励,创业不如不创是什么?励志不如不励,创业不如不创是无不过度;

无不过度是什么?无不过度是道不消亡;

道不消亡是什么?道不消亡是有道。

因此,励志不如不励,创业不如不创,凡同于此者皆为有道。

⑦发财不如不发,致富不如不致,凡同于此者皆为有道。

请问发财不如不发,致富不如不致是什么?发财不如不发,致富不如不致是无不过度；

无不过度是什么？无不过度是道不消亡；

道不消亡是什么？道不消亡是有道。

因此,发财不如不发,致富不如不致,凡同于此者皆为有道。

⑧许愿不如不许,保佑不如不保,凡同于此者皆为有道。

请问许愿不如不许,保佑不如不保是什么？许愿不如不许,保佑不如不保是无不过度；

无不过度是什么？无不过度是道不消亡；

道不消亡是什么？道不消亡是有道。

因此,许愿不如不许,保佑不如不保,凡同于此者皆为有道。

⑨无为就是自然,自然就是道。

请问无为是什么？无为是做无的事情；

做无的事情是什么？做无的事情是道各自按照自己的本性变化；

道各自按照自己的本性变化是什么？道各自按照自己的本性变化是自然。

请问自然是什么？自然是不做有的事情；

不做有的事情是什么？不做有的事情是不有为；

不有为是什么？不有为是道。

因此,无为就是自然,自然就是道。

《道德经》第十章

①载营魄抱一,能无离乎?

②专气致柔,能如婴儿乎?

③涤除玄览,能无疵乎?

④爱民治国,能无为乎?

⑤天门开阖,能为雌乎?

⑥明白四达,能无知乎?

⑦生之蓄之,

⑧生而不有,为而不恃,长而不宰,是谓玄德。

【本章重点字句解读】

①载:语气助词。营魄:魂魄,古人想象中一种能脱离人体而独立存在的精神,这里代指思想。抱一:持守道。抱:持守。一:指道。无离:不离开,指不变。

②专气:专心地调整呼吸。致:至。柔:代指无,即无声。

③涤除:洗去,清除。玄览:认识物质的本质。玄:天,指物质。览:看透,指认识。无疵:没有瑕疵。

④爱民:爱护百姓。治国:治理国家。

⑤天门开阖:自然之门的开启与关闭,代指道的使用。天门:自然之门;天:自然。开阖:开启与关闭;阖:音hé。雌:指女人生小孩。

⑥明白四达:明白事情的道理。四达:古代管理百姓的四种事情。无知:指不用智慧。知:古同智。

⑦生:产生。蓄:指积累。

⑧为,音wèi。长而不宰:长大而不占有;长:音zhǎng。玄:玄妙。玄德:玄妙的德。德:指方法。

【本章逐句解读】

①持守道的思想,能永远不变吗?（无为。）

②专心地调整呼吸至无声的状态,能像婴儿一样吗?（无为。）

③清除内心的污秽杂念认识物质的本质,能没有瑕疵吗?（无为。）

④爱护百姓治理国家,能无为吗?（无为。）

⑤道的使用,能像女人生小孩一样自然吗?（无为。）

⑥明白事情的道理,能不用智慧吗?（无为。）

⑦产生它们,积累它们,（无为。）

⑧生长而不占有,帮助而不占有,长大而不占有,这就是

玄妙的德。(无为是德。)

【本章全文解读】

本章主要阐述了以下七个方面的内容：

①修道之道。

②德是方法。

③无为是做事情的方法,简称无为是德。

④无为是做事情有方法,简称无为是有德。

⑤有为是做事情无方法,简称有为是无德。

⑥道在客观上既是规律也是方法,老子为了便于表述和便于读者理解,所以才给方法起了德这个名字。

⑦ 人之道是无而不是有。

【我的应用】

①道是规律,德是方法。

请问道是什么？道是无与有；

无是什么？无是物质从无到有；

有是什么？有是物质从有到无；

物质从无到有、从有到无是什么？物质从无到有、从有到无是物质变化的规律。

请问德是什么？德是无为和有为；

无为和有为是什么？无为和有为是人类做事情的方法。

因此,道是规律,德是方法。

②以无为道者有道,以有为道者不道。
请问以无为道者是什么? 以无为道者是无为;
无为是什么? 无为是道发展;
道发展是什么? 道发展是有道。
请问以有为道者是什么? 以有为道者是有为;
有为是什么? 有为是道消亡;
道消亡是什么? 道消亡是不道。
因此,以无为道者有道,以有为道者不道。

③以无为是者有道,以有为是者不道。
请问以无为是者是什么? 以无为是者是无为;
无为是什么? 无为是道发展;
道发展是什么? 道发展是有道。
请问以有为是者是什么? 以有为是者是有为;
有为是什么? 有为是道消亡;
道消亡是什么? 道消亡是不道。
因此,以无为是者有道,以有为是者不道。

④以无为智者有道,以有为智者不道。
请问以无为智者是什么? 以无为智者是无为;
无为是什么? 无为是道发展;
道发展是什么? 道发展是有道。
请问以有为智者是什么? 以有为智者是有为;
有为是什么? 有为是道消亡;

道消亡是什么？道消亡是不道。

因此，以无为智者有道，以有为智者不道。

⑤圣人以无为智慧，世人以有为智慧。

请问以无为智慧是什么？以无为智慧是无为；

无为是什么？无为是圣人。

请问以有为智慧是什么？以有为智慧是有为；

有为是什么？有为是世人。

因此，圣人以无为智慧，世人以有为智慧。

⑥修道之道。

请问修道是什么？修道是让自己重新返回到无的状态；

让自己重新返回到无的状态是什么？让自己重新返回到无的状态是无为；

无为是什么？无为是道开始、道产生、道成长；

道开始、道产生、道成长是什么？道开始、道产生、道成长是无发展道；

无发展道是什么？无发展道是道最大。

因此，修道之道在于无为，在于无发展道。

⑦行无求则心松，食无奢则体轻，睡无思则身安，凡同于此者皆为有道。

请问行无求、食无奢、睡无思是什么？行无求、食无奢、睡无思是有无；

有无是什么？有无是无为；

无为是什么？无为是人发展；

人发展是什么？人发展是心松,体轻,身安;

心松,体轻,身安是什么？心松,体轻,身安是有道。

因此,行无求则心松,食无奢则体轻,睡无思则身安,凡同于此者皆为有道。

⑧不道的食物坚决不吃,不道的饮料坚决不喝,凡同于此者皆为有道。

请问不道的食物坚决不吃,不道的饮料坚决不喝是什么？

不道的食物坚决不吃,不道的饮料坚决不喝是无为;

无为是什么？无为是人发展;

人发展是什么？人发展是有道。

因此,不道的食物坚决不吃,不道的饮料坚决不喝,凡同于此者皆为有道。

⑨不道的话坚决不说,不道的事情坚决不做,凡同于此者皆为有道。

请问不道的话坚决不说,不道的事情坚决不做是什么？

不道的话坚决不说,不道的事情坚决不做是无为;

无为是什么？无为是人发展;

人发展是什么？人发展是有道。

因此,不道的话坚决不说,不道的事情坚决不做,凡同于此者皆为有道。

《道德经》第十一章

①三十辐共一毂,当其无,有车之用。

②埏埴以为器,当其无,有器之用。

③凿户牖以为室,当其无,有室之用。

④故有之以为利,无之以为用。

【本章重点字句解读】

①毂:车轮中心,有洞可以穿轴插条的地方。当其无:当中是无。有车之用:才有车子的功用。

②埏:音 shān,用水和土。埴:音 zhí,黏土。埏埴:和泥。以为器:做成陶器。

③凿:凿通。户牖:门窗;牖:音 yǒu。室:房屋。

④有之以为利:有是道的益处。无之以为用:无是道的功用。

【本章逐句解读】

①三十根辐条共同连接在一个毂上,当中是无,才有车子的功用。(无与有同处一物。)

②和泥做成陶器,当中是无,才有陶器的功用。(无与有同处一物,又称无与有同物。)

③凿通门窗做成房屋,当中是无,才有房屋的功用。(无与有同处一物。)

④所以,有是道的益处,无是道的功用。

【本章全文解读】

本章主要阐述了以下三个方面的内容:

①道是无与有同处一物。

②有是道的益处。

③无是道的功用。

【我的应用】

①道不同,是非各有不同。
请问是非是什么? 是非是无和有;
有道的是非是什么? 有道的是非是无为;
无为是什么? 无为是人发展;
人发展是什么? 人发展是对人有益。
不道的是非是什么? 不道的是非是有为;
有为是什么? 有为是人消亡;
人消亡是什么? 人消亡是对人有害。
因此,是非有两种,一种对人有益,一种对人有害。

②道不同,圣人各有不同。

请问圣人是什么?圣人是无和有;

有道的圣人是什么?有道的圣人是教人无;

教人无是什么?教人无是无为;

无为是什么?无为是人发展;

人发展是什么?人发展是对人有益。

不道的圣人是什么?不道的圣人是教人有;

教人有是什么?教人有是有为;

有为是什么?有为是人消亡;

人消亡是什么?人消亡是对人有害。

因此,圣人有两种,一种对人有益,一种对人有害。

③道不同,教育各有不同。

请问教育是什么?教育是无和有;

有道的教育是什么?有道的教育是教人无;

教人无是什么?教人无是无为;

无为是什么?无为是人发展;

人发展是什么?人发展是对人有益。

不道的教育是什么?不道的教育是教人有;

教人有是什么?教人有是有为;

有为是什么?有为是人消亡;

人消亡是什么?人消亡是对人有害。

因此,教育有两种,一种对人有益,一种对人有害。

④道不同,学习各有不同。

请问学习是什么？学习是无和有；

学习无是什么？学习无是无为；

无为是什么？无为是人发展；

人发展是什么？人发展是对人有益。

学习有是什么？学习有是有为；

有为是什么？有为是人消亡；

人消亡是什么？人消亡是对人有害。

因此,学习有两种,一种对人有益,一种对人有害。

⑤不道的是非它害人,故有道者不处。

请问不道的是非是什么？不道的是非是有为；

有为是什么？有为是人消亡；

人消亡是什么？人消亡是害人。

因此,不道的是非它害人,故有道者不处。

⑥不道的圣人他害人,故有道者不处。

请问不道的圣人是什么？不道的圣人是教人有；

教人有是什么？教人有是有为；

有为是什么？有为是人消亡；

人消亡是什么？人消亡是害人。

因此,不道的圣人他害人,故有道者不处。

⑦不道的教育它害人,故有道者不处。

请问不道的教育是什么？不道的教育是教人有；

教人有是什么？教人有是有为；

有为是什么？有为是人消亡；

人消亡是什么？人消亡是害人。
因此，不道的教育它害人，故有道者不处。

⑧不道的学习它害人，故有道者不处。
请问不道的学习是什么？不道的学习是有为；
有为是什么？有为是人消亡；
人消亡是什么？人消亡是害人。
因此，不道的学习它害人，故有道者不处。

⑨不道的事情它害人，故有道者不处。
请问不道的事情是什么？不道的事情是有为；
有为是什么？有为是人消亡；
人消亡是什么？人消亡是害人。
因此，不道的事情它害人，故有道者不处。

《道德经》第十二章

①五色令人目盲,

②五音令人耳聋,

③五味令人口爽,

④驰骋打猎令人心发狂,

⑤难得之货令人行妨。

⑥是以圣人之治,

⑦为腹不为目,

⑧故去彼取此。

【本章重点字句解读】

①五色:青、赤、白、黑、黄五种颜色,指过多的色彩。盲:指丧失了辨色的能力。

②五音:古代五声音阶的宫、商、角、徵、羽,指过多的声音。聋:指丧失了辨声的能力。

③五味:酸、甜、苦、辣、咸五种味道,指过多的味道。口爽:指舌头丧失了辨味的能力。

④驰骋打猎:骑着马以飞快的速度追逐猎物,指过度的追求。心发狂:欲望失去了控制。

⑤难得之货:贵重的财物。难得:指贵重。行:走路。妨:音fáng,伤害,指失去了安全。

⑥治:治理。

⑦为腹:指满足百姓的肚子。为目:指满足他们类似于眼睛、耳朵、舌头、财物、欲望等方面的需求。

⑧去彼取此:指去掉后者留取前者。

【本章逐句解读】

①过多的色彩让人的眼睛丧失了辨色的能力,(无过度道消亡。)

②过多的声音让人的耳朵丧失了辨声的能力,(无过度道消亡。)

③过多的味道让人的舌头丧失了辨味的能力,(无过度道消亡。)

④过度的追求让人的欲望失去了控制,(无过度人消亡。)

⑤贵重的财物让人走路失去了安全。(无过度人消亡。)

⑥所以圣人治理国家,

⑦是满足百姓的肚子,不是满足他们类似于眼睛、耳朵、舌头、财物、欲望等方面的需求,

⑧因此,去掉后者留取前者。

【本章全文解读】

本章通过道的应用举例,阐述了圣人治理国家的方法:

①是满足百姓的肚子,是让百姓的生活有道。

②不是满足百姓类似于眼睛、耳朵、舌头、财物、欲望等方面的需求,不是让百姓的生活不道。

③人之道是无而不是有。

【我的应用】

①人生不过衣食住而已,多则不道。

请问衣食住是什么? 衣食住是人之本;

人之本是什么? 人之本是道。

请问多是什么? 多是无过度;

无过度是什么? 无过度是人消亡;

人消亡是什么? 人消亡是不道。

因此,人生不过衣食住而已,多则不道。

②最名贵的衣服不是道,最好吃的美食不是道。

请问最名贵的衣服、最好吃的美食是什么? 最名贵的衣服、最好吃的美食是无过度;

无过度是什么？无过度是道消亡；

道消亡是什么？道消亡是不道。

因此，最名贵的衣服不是道，最好吃的美食不是道。

③最豪华的住宅不是道，最奢侈的生活不是道。

请问最豪华的住宅、最奢侈的生活是什么？最豪华的住宅、最奢侈的生活是无过度；

无过度是什么？无过度是道消亡；

道消亡是什么？道消亡是不道。

因此，最豪华的住宅不是道，最奢侈的生活不是道。

④最繁荣的市场不是道，最繁华的城市不是道。

请问最繁荣的市场、最繁华的城市是什么？最繁荣的市场、最繁华的城市是无过度；

无过度是什么？无过度是道消亡；

道消亡是什么？道消亡是不道。

因此，最繁荣的市场不是道，最繁华的城市不是道。

⑤最好看的电影不是道，最好听的音乐不是道。

请问最好看的电影、最好听的音乐是什么？最好看的电影、最好听的音乐是无过度；

无过度是什么？无过度是道消亡；

道消亡是什么？人消亡是不道。

因此，最好看的电影不是道，最好听的音乐不是道。

⑥最著名的学校不是道，最渊博的知识不是道。

请问最著名的学校、最渊博的知识是什么？最著名的学校、最渊博的知识是无过度；

无过度是什么？无过度是道消亡；

道消亡是什么？道消亡是不道。

因此，最著名的学校不是道，最渊博的知识不是道。

⑦最耀眼的明星不是道，最忠实的崇拜不是道。

请问最耀眼的明星、最忠实的崇拜是什么？最耀眼的明星、最忠实的崇拜是无过度；

无过度是什么？无过度是道消亡；

道消亡是什么？道消亡是不道。

因此，最耀眼的明星不是道，最忠实的崇拜不是道。

⑧最推崇的榜样不是道，最发达的国家不是道。

请问最推崇的榜样、最发达的国家是什么？最推崇的榜样、最发达的国家是无过度；

无过度是什么？无过度是道消亡；

道消亡是什么？道消亡是不道。

因此，最推崇的榜样不是道，最发达的国家不是道。

⑨有道的人做规律的事情，无道的人做违反规律的事情。

请问有道的人是什么？有道的人是无为；

无为是什么？无为是做规律的事情。

请问无道的人是什么？无道的人是有为；

有为是什么？有为是做违反规律的事情。

因此，有道的人做规律的事情，无道的人做违反规律的事情。

《道德经》第十三章

①宠辱若惊,贵大患若身。

②何谓宠辱若惊?

③宠为下,得之若惊;

④辱为上,失之若惊,

⑤是谓宠辱若惊。

⑥何谓贵大患若身?

⑦吾所以有大患者,为吾有身,

⑧及吾无身,吾有何患?

⑨故贵以身为天下,若可寄天下;

⑩爱以身为天下,若可托天下。

【本章重点字句解读】

①宠:荣誉。辱:耻辱。贵:重视。若身:如同重视受伤的身体。

②何谓:什么叫做。

③为下:是向下变化的,指走向消亡的。

④为上:是向上变化的,指走向发展的。

⑤是谓:这就叫做。

⑥何谓:什么叫做。

⑦吾:我。为:因为。

⑧及:如果。何患:什么祸。

⑨贵以身为天下:把国家当做身体一样重视。若:如此,这样。寄:依靠。

⑩爱以身为天下:把国家当做身体一样爱惜。爱:爱惜。托:托付,委托。

【本章逐句解读】

①荣誉与耻辱让人像受到惊吓一样的害怕,重视大祸如同重视受伤的身体。

②什么叫做荣誉与耻辱让人像受到惊吓一样的害怕?

③荣誉是走向消亡的,所以得到它让人像受到惊吓一样的害怕;(得到有是不道。)

④耻辱是走向成长的,所以失去它让人像受到惊吓一样的害怕,(失去无是不道。)

⑤这就叫做荣辱若惊。

⑥什么叫做重视大祸如同重视受伤的身体?

⑦我之所以有大祸,是因为我有受伤的身体,

⑧如果我没有受伤的身体,我有什么祸?

⑨因此,把国家当做身体一样重视,这样的人可以依靠用于管理国家;(有道的人可以用于管理国家。)

⑩把国家当做身体一样爱惜,这样的人可以托付给他整个国家。(道最大的人可以用作国家的领导。)

【本章全文解读】

本章主要阐述了以下五个方面的内容:

①得到有和失去无都是不道的事情。

②人生最大的灾祸唯伤身而已。

③有道的人可以用作国家的干部。

④道最大的人可以用作国家的领导。

⑤人之道是无而不是有。

【我的应用】

①得到无叫做得道,失去无叫做失道。
请问无是什么? 无是道;
得道无是什么? 得道无是得道;
失去无是什么? 失去无是失道。
因此,得到无叫做得道,失去无叫做失道。

②做规律的事情必定得道,做违反规律的事情必定失道。

请问做规律的事情是什么？做规律的事情是无为；

无为是什么？无为是道发展；

道发展是什么？道发展是得道。

请问做违反规律的事情是什么？做违反规律的事情是有为；

有为是什么？有为是道消亡；

道消亡是什么？道消亡是失道。

因此,做规律的事情必定得道,做违反规律的事情必定失道。

③尊卑与荣辱皆为不道,故有道者不处。

请问尊卑与荣辱是什么？尊卑与荣辱是有为；

有为是什么？有为是道消亡；

道消亡是什么？道消亡是不道。

因此,尊卑与荣辱皆为不道,故有道者不处。

④批评与表扬皆为不道,故有道者不处。

请问批评与表扬是什么？批评与表扬是有为；

有为是什么？有为是道消亡；

道消亡是什么？道消亡是不道。

因此,批评与表扬皆为不道,故有道者不处。

⑤奖励与惩罚皆为不道,故有道者不处。

请问奖励与惩罚是什么？奖励与惩罚是有为；

有为是什么？有为是道消亡；
道消亡是什么？道消亡是不道。
因此，奖励与惩罚皆为不道，故有道者不处。

⑥送礼与收礼皆为不道，故有道者不处。
请问送礼和收礼是什么？送礼和收礼是有为；
有为是什么？有为是道消亡；
道消亡是什么？道消亡是不道。
因此，送礼与收礼皆为不道，故有道者不处。

⑦好高骛远与急功近利皆为不道，故有道者不处。
请问好高骛远与急功近利是什么？好高骛远与急功近利是有为；
有为是什么？有为是道消亡；
道消亡是什么？道消亡是不道。
因此，好高骛远与急功近利皆为不道，故有道者不处。

⑧道不同，人才各有不同。
请问人才是什么？人才是无和有；
有道的人才是什么？有道的人才是无为；
无为是什么？无为是道发展；
道发展是什么？道发展是对国家有益。
不道的人才是什么？不道的人才是有为；
有为是什么？有为是道消亡；
道消亡是什么？道消亡是对国家有害。
因此，人才有两种，一种对国家有益，一种对国家有害。

⑨圣人以无为人才,世人以有为人才。
请问以无为人才是什么？以无为人才是无为；
无为是什么？无为是道不消亡；
道不消亡是什么？道不消亡是圣人。
请问以有为人才是什么？以有为人才是有为；
有为是什么？有为是道消亡；
道消亡是什么？道消亡是世人。
因此,圣人以无为人才,世人以有为人才。

《道德经》第十四章

①视之不见,名曰夷;

②听之不闻,名曰希;

③抟之不得,名曰微。

④此三者不可致诘,故混而为一。

⑤其上不皦,其下不昧。

⑥绳绳兮不可名,复归于无物。

⑦是谓无状之状,无象之象,是谓惚恍。

⑧迎之不见其首,随之不见其后。

⑨执古之道,以御今之有。

⑩能知古始,是谓道纪。

【本章重点字句解读】

①不见:不知道。夷:消灭,毁灭,指消失。

②不闻:不知道。希:少,指减少。

③抟之:攥着它。抟:音 tuán,把东西捏聚成团,指手里攥着它。不得:指不知道。微:小,指变小。

④不可致诘:无法深究,指没有办法清楚的加以区分。混而为一:混为一体。

⑤上:向上。不皦:没有它的踪影。下:向下。昧:隐藏。

⑥绳绳:小心谨慎。不可名:不可以占有。名:占有。复归:重新返回。归:返回。无物:没有物质的状态,指无的状态。

⑦无状之状:无法形容的状况。无象之象:无法形象描述的现象。无象:无法形象描述。惚恍:若有若无,指有消亡有。

⑧迎之:逆着它,指与它方向相反。不见其首:不见它开始起作用。随之:顺着它,指与它方向一致。不见其后:不见它的作用消失。

⑨执:掌握。古:天,指自然。御:驾驶车马,指驾驭。今之有:今天的物质。

⑩古始:宇宙的开始。道纪:道的本源。纪:开端,指本源。

【本章逐句解读】

①看见它却不知道它,它的名字叫做消失;

②听到它却不知道它,它的名字叫做减少;

③攥着它却不知道它,它的名字叫做变小。

④此三者没有办法清楚地加以区分,因此,它们是混为一体的。

⑤有向上变化的时候没有它的踪影,有向下变化的时候它不隐藏。

⑥小心谨慎呀不可以占有,占有就会重新返回到无的状态。

⑦这叫做无法形容的状况,无法形象描述的现象,这叫做有消亡有。

⑧与它方向相反的时候不见它开始起作用,与它方向一致的时候不见它的作用消失。

⑨掌握自然的规律,用它驾驭今天的物质。

⑩能知道宇宙的开始,叫做道的本源。

【本章全文解读】

本章主要阐述了以下四个方面的内容:

①有消亡物质:有是向无变化的,有是从有到无,有是有减少、有变小、有消失,简称有是有消亡。

②物质消失的过程规律。

有减少有,有变小有,有消失有,即有减少物质,有变小物质,有消失物质。

因此,任何物质的消失都遵循有减少有、有变小有、有消

失有,简称有消亡有的物质消亡过程规律。下面举例加以说明:

有减少有:任何物质的减少都是有的结果。一盘花生米,你一会儿吃一个,一会儿吃一个,你不断地占有它,这盘花生米就会不断地减少,这就叫做有减少有。

有变小有:任何物质的变小都是有的结果。一盘花生米,你一会儿吃一个,一会儿吃一个,你不断地占有它,这盘花生米就会不断地变小,这就叫做有变小有。

有消失有:任何物质的消失都是有的结果。一盘花生米,你一会儿吃一个,一会儿吃一个,你不断地占有它,这盘花生米一会儿就消失了,这就叫做有消失有。

③无是道的本源。

④人之道是无而不是有。

【我的应用】

①世人追求幸福,我看办不到。
请问世人追求幸福是什么? 世人追求幸福是有为;
有为是什么? 有为是道消亡;
道消亡是什么? 道消亡是不道;
不道是什么? 不道是徒劳。
因此,世人追求幸福,我看办不到。

②孩子越哄越哄不清,孩子越管越管不了。
请问越哄孩子、越管孩子是什么? 越哄孩子、越管孩子

○ 第十四章

是有为；

有为是什么？有为是道消亡；

道消亡是什么？道消亡是不道；

不道是什么？不道是徒劳。

因此，孩子越哄越哄不清，孩子越管越管不了。

③放鞭炮放不走瘟晦，庆新年庆不来吉祥。

请问放鞭炮、庆新年是什么？放鞭炮、庆新年是无过度；

无过度是什么？无过度是有为；

有为是什么？有为是道消亡；

道消亡是什么？道消亡是不道；

不道是什么？不道是徒劳。

因此，放鞭炮放不走瘟晦，庆新年庆不来吉祥。

④贴满福字不能幸福，祈求安康不能安康。

请问贴满福字、祈求安康是什么？贴满福字、祈求安康是有为；

有为是什么？有为是道消亡；

道消亡是什么？道消亡是不道；

不道是什么？不道是徒劳。

因此，贴满福字不能幸福，祈求安康不能安康。

⑤为什么食品安全不在？为什么社会公平不在？为什么人人平等不在？

请问食品安全不在、社会公平不在、人人平等不在是什么？

食品安全不在、社会公平不在、人人平等不在是道消亡；

道消亡是什么？道消亡是有为；

有为是什么？有为是不道。

因此，食品安全不在、社会公平不在、人人平等不在，是因为不道。

⑥为什么爱吃糖的人容易胖？为什么爱吃肉的人容易老？

请问爱吃糖的人容易胖、爱吃肉的人容易老是什么？

爱吃糖的人容易胖、爱吃肉的人容易老是道消亡；

道消亡是什么？道消亡是有为；

有为是什么？有为是不道。

因此，爱吃糖的人容易胖，爱吃肉的人容易老，是因为不道。

⑦是谁泯灭了孩子的童真？是谁丧失了百姓的天性？

请问孩子的童真泯灭、百姓的天性丧失是什么？

孩子的童真泯灭、百姓的天性丧失是失道；

失道是什么？失道是人消亡；

人消亡是什么？人消亡是有为。

因此，是有为泯灭了孩子的童真，是有为丧失了百姓的天性。

⑧民风淳朴是因为百姓不有为，婴儿可爱是因为孩子无所求。

请问民风淳朴、婴儿可爱是什么？民风淳朴、婴儿可爱是道不消亡；

道不消亡是什么？道不消亡是百姓不有为，是孩子无所求。

因此，民风淳朴是因为百姓不有为，婴儿可爱是因为孩子无所求。

⑨有天天消亡，有地地消亡，有物物消亡，有人人消亡，故有道者不处。

请问有天、有地、有物、有人是什么？有天、有地、有物、有人是有为；

有为是什么？有为是道消亡；

道消亡是什么？道消亡是天地、万物、人类的减少、变小、消失。

因此，有天天消亡，有地地消亡，有物物消亡，有人人消亡，故有道者不处。

《道德经》第十五章

①古之善为道者,微妙玄通,深不可识。

②夫唯不可识,故强为之容:

③豫兮若冬涉川,

④犹兮若畏四邻,

⑤俨兮其若客,

⑥涣兮其若冰释,

⑦敦兮其若朴,

⑧旷兮其若谷,

⑨混兮其若浊。

⑩孰能浊以静之徐清?

⑪孰能安以动之徐生?

⑫保此道者不欲盈。

⑬夫唯不盈,故能敝而新成。

【本章重点字句解读】

①微:指道。妙:神奇。玄通:通天。深不可识:深得让

人看不懂。

②强为之容:勉强来形容他们。

③豫兮若冬涉川:小心翼翼就像大象走过初冬刚刚结冰的河流。豫:大象。

④犹兮若畏四邻:机敏就像犹猢惧怕四周的邻居。犹:音yóu,犹猢,一种猿类动物,它机警而敏捷,惧怕自己周围的所有动物,一有风吹草动就逃之夭夭。

⑤俨兮其若客:拘谨就像初次到朋友家做客。俨:音yǎn,指拘谨。

⑥涣兮其若冰释:消失得无影无踪就像冰雪溶化一样。涣:离散,消散,指消失得无影无踪。

⑦敦兮其若朴:敦朴就像原生的植物。

⑧旷兮其若谷:坦荡就像刚刚走出小山谷。

⑨混兮其若浊:混淆就像掺杂在污水里的清水让人无法辨认。

⑩孰能:谁能。浊以静:让浑浊的水安静下来。徐清:慢慢地变得清澈。

⑪安以动:让安静的水活动起来。徐生:慢慢地显出生机。

⑫保:拥有。不欲盈:指不自满。

⑬敝:旧的。新成:收获新的。

【本章逐句解读】

①古代善于用道的人,他们的道神奇得简直能通天,深得让人看不懂。

②因为看不懂,所以,我只能勉强来形容他们:

③小心翼翼就像大象走过初冬刚刚结冰的河流,(无为。)

④机敏就像犹狲惧怕四周的邻居,(无为。)

⑤拘谨就像初次到朋友家做客,(无为。)

⑥消失得无影无踪就像冰雪溶化一样,(无为。)

⑦敦朴就像原生的植物,(无为。)

⑧坦荡就像刚刚走出小山谷,(无为。)

⑨混淆就像掺杂在污水里的清水让人无法辨认。(无为。)

⑩谁能让浑浊的水安静下来慢慢地变得清澈?(无为。)

⑪谁能让安静的水活动起来慢慢地显出生机?(无为。)

⑫拥有这样的道的人从不自满。

⑬因为不自满,所以才能保持旧的,收获新的。

【本章全文解读】

本章主要阐述了以下四个方面的内容：

①大道者深不可识。

③唯有道者才能知道。

③修道永远没有止境。

④人之道是无而不是有。

【我的应用】

①谁能让满头的白发重新变黑？谁能让僵硬的身体重新变软？

请问让满头的白发重新变黑，让僵硬的身体重新变软是什么？

让满头的白发重新变黑，让僵硬的身体重新变软是复归于婴儿；

复归于婴儿是什么？复归于婴儿是人发展；

人发展是什么？人发展是无为；

无为是什么？无为是有道。

因此，有道的人能让满头的白发重新变黑，有道的人能让僵硬的身体重新变软。治疗白发和身体僵硬的方法在于有道。

②谁能让冠心病彻底地痊愈？谁能让"三高"症完全地

康复?

请问让冠心病彻底地痊愈,让"三高"症完全地康复是什么?

让冠心病彻底地痊愈,让"三高"症完全地康复是人不消亡;

人不消亡是什么?人不消亡是无为;

无为是什么?无为是有道。

因此,有道的人能让冠心病彻底地痊愈,有道的人能让"三高"症完全地康复。治疗冠心病和"三高"症的方法在于有道。

③谁能让癌症永远地消失?谁能让疾病永远都没有?

请问让癌症永远地消失,让疾病永远都没有是什么?

让癌症永远地消失,让疾病永远都没有是复归于道;

复归于道是什么?复归于道是人发展;

人发展是什么?人发展是无为;

无为是什么?无为是有道。

因此,有道的人能让癌症永远地消失,有道的人能让疾病永远都没有。治疗癌症、消除疾病的方法在于有道。

④谁能让全身的血液重新流动?谁能让全身的神经重新通畅?

请问让全身的血液重新流动,让全身的神经重新通畅是什么?

让全身的血液重新流动,让全身的神经重新通畅是复归于朴；

复归于朴是什么？复归于朴是人发展；

人发展是什么？人发展是无为；

无为是什么？无为是有道。

因此，有道的人能让全身的血液重新流动，有道的人能让全身的神经重新通畅。让血液重新流动、让神经重新通畅的方法在于有道。

⑤谁能解除人生的痛苦？谁能消去人间的悲哀？

请问解除人生的痛苦，消去人间的悲哀是什么？

解除人生的痛苦，消去人间的悲哀是减少有至无的位置；

减少有至无的位置是什么？减少有至无的位置是无为；

无为是什么？无为是有道。

因此，有道的人能解除人生的痛苦，有道的人能消去人间的悲哀。解除人生的痛苦、消去人间的悲哀的方法在于有道。

⑥谁能让自私的人变得纯洁无瑕？谁能让争斗的人变得温柔善良？

请问让自私的人变得纯洁无瑕，让争斗的人变得温柔善良是什么？

让自私的人变得纯洁无瑕，让争斗的人变得温柔善良是道不消亡；

道不消亡是什么？道不消亡是无为；

无为是什么？无为是有道。

因此，有道的人能让自私的人变得纯洁无瑕，有道的人能让争斗的人变得温柔善良。让人纯洁、善良的方法在于有道。

⑦清者自清,浊者自浊,唯有道者。

请问清者自清,浊者自浊是什么?清者自清,浊者自浊是自然;

自然什么?自然是无为;无为是什么?无为是道者。

因此,清者自清,浊者自浊,唯有道者。

⑧看不懂我的书是因为没有道,看懂一部分是因为道不够深。

请问看不懂我的书是因为没有道,看懂一部分是因为道不够深是什么?

看不懂我的书是因为没有道,看懂一部分是因为道不够深是自然;

自然是什么?自然是道;道是什么?道是规律。

因此,看不懂我的书是因为没有道,看懂一部分是因为道不够深。

⑨什么叫做用道?什么叫做有德?

请问道是什么?道是无;

用道是什么?用道是用无去调节有使其在无的位置上;

用无去调节有使其在无的位置上是什么?用无去调节有使其在无的位置上是无为;

无为是什么?无为是有德。

因此,用无去调节有就叫做用道,用道就叫做有德。

《道德经》第十六章

①致虚极,守静笃,

②万物并作,吾以观其复。

③夫物芸芸,各复归其根。

④归根曰静,

⑤静曰复命;

⑥复命曰常,

⑦知常曰明。

⑧不知常,妄作,凶。

⑨知常容,容乃公,公乃王,王乃天,天乃道,道乃久,没身不殆。

【本章重点字句解读】

①致虚极:使自己到达最无的状态。守静笃:保持最无的状态。

②并作:一齐发展。观其复:观察它们的变化。复:往复,指变化。

③夫物:万物。复归:返回。根:指本源。

④静:指无。

⑤复命:生命往复变化的开始。

⑥常:规律。

⑦知常:知道规律。明:明白。

⑧妄作:胡乱做事情。凶:不幸,不吉祥,指灾祸和失败。

⑨容:宽容。公:公正无私。王:指最大。天:自然。没身不殆:终身没有危险;没:音 mò。

【本章逐句解读】

①使自己到达最无的状态,使自己保持最无的状态,

②万物一齐发展,我用道来观察它们的变化。

③万物芸芸,各个都返回到了本源的状态。

④返回到本源的状态叫做无,

⑤无是生命往复变化的开始;

⑥生命往复的变化叫做规律,

⑦知道规律叫做明白。

⑧不知道规律,胡乱做事情,结果就是灾祸,就是失败。

⑨知道规律就能宽容,宽容就能公正无私,公正无私就能最大,最大就是自然,自然就是道,道就是长久,就是终身

没有危险。

【本章全文解读】

本章主要阐述了以下七个方面的内容：

①规律是物质从无到有、从有到无循环往复的变化。

②无是万物的本源。

③知道规律叫做明白。

④不知道规律的结果就是灾祸和失败。

⑤规律就是自然，自然就是道。

⑥道就是宽容，就是公正，就是无私，就是最大，就是自然，就是长久，就是平安。

⑦人之道是无而不是有。

【我的应用】

①没有不散的宴席，没有不死的圣人。
请问宴席和圣人是什么？宴席和圣人是有；
有是什么？有是从有到无的变化。
因此，没有不散的宴席，没有不死的圣人。

②变化存在于每一个物质之中，变化是物质的普遍规律。
请问物质是什么？物质是无与有；

有无是什么？有无是从无到有；

没有无是什么？没有无是从有到无；

从无到有、从有到无是什么？从无到有、从有到无是物质在变化。

因此，变化存在于每一个物质之中，变化是物质的普遍规律。

③有道的人明白，无道的人糊涂。

请问有道的人是什么？有道的人是无为；

无为是什么？无为是人不消亡；

人不消亡是什么？人不消亡是明白。

请问无道的人是什么？无道的人是有为；

有为是什么？有为是人消亡；

人消亡是什么？人消亡是糊涂。

因此，有道的人明白，无道的人糊涂。

④有道的人成功，无道的人失败。

请问有道的人是什么？有道的人是无为；

无为是什么？无为是做规律的事情；

做规律的事情是什么？做规律的事情是成功。

请问无道的人是什么？无道的人是有为；

有为是什么？有为是做违反规律的事情；

做违反规律的事情是什么？做违反规律的事情是失败。

因此，有道的人成功，无道的人失败。

⑤有道的人无病，无道的人有病。

请问有道的人是什么？有道的人是无为；

无为是什么？无为是人不消亡；

人不消亡是什么？人不消亡是无病。

请问无道的人是什么？无道的人是有为；

有为是什么？有为是人消亡；

人消亡是什么？人消亡是有病。

因此，有道的人无病，无道的人有病。

⑥弱肉强食，强者为王不是道，故有道者不处。

请问弱肉强食，强者为王是什么？弱肉强食，强者为王是没有无；

没有无是什么？没有无是有为；

有为是什么？有为是道消亡；

道消亡是什么？道消亡是不道。

因此，弱肉强食，强者为王不是道，故有道者不处。

⑦为什么要功成身退？为什么要隐姓埋名？为什么大道者都做隐士？

请问功成身退、隐姓埋名、大道者都做隐士是什么？

功成身退、隐姓埋名、大道者都做隐士是道不有为；

道不有为是什么？道不有为是人不消亡；

人不消亡是什么？人不消亡是有道。

因此，功成身退、隐姓埋名、大道者都做隐士，是因为他们有道。

⑧有会减少、变小、消失，无会取之不尽、用之不竭。

请问有会减少、变小、消失,无会取之不尽、用之不竭是什么?

有会减少、变小、消失,无会取之不尽、用之不竭是自然;

自然是什么?自然是道;

道是什么?道是规律。

因此,有会减少、变小、消失,无会取之不尽、用之不竭。

⑨学什么不如学道,有什么不如有德。

请问学道是什么?学道是道不消亡;

道不消亡是什么?道不消亡是有道;

有道是什么?有道是人就会宽容,就会公正,就会无私,就会最大,就会自然,就会长寿,就会平安。

请问有德是什么?有德是做事情有方法;

做事情有方法是什么?做事情有方法是无所不能、无所不及;

无所不能、无所不及是什么?无所不能、无所不及是世界上就没有他做不成的事情。

因此,学什么不如学道,有什么不如有德。

《道德经》第十七章

①太上,下知有之。

②其次,亲而誉之。

③其次,畏之。

④其次,侮之。

⑤信不足焉,有不信焉。

⑥悠兮其贵言,

⑦功成事遂,百姓皆谓其自然。

【本章重点字句解读】

①太上:最高明。下知有之:百姓只知道有他这个人。

②亲而誉之:亲近并且赞誉他。

③畏之:畏惧他。

④侮之:侮辱他。

⑤信:指道。有不信焉:才有不道的事情产生。

⑥悠:悠闲。其贵言:他的政令很少。贵:指很少。言:政令。

⑦功成:指有了功劳和成绩。事遂:指事情办好了。自然:指守道。

【本章逐句解读】

①最高明的帝王,百姓只知道有他这个人。(道是无。)

②次一点的,百姓亲近并且赞誉他。(道减少。)

③再次一点的,百姓畏惧他。(道变小。)

④更次一点的,百姓侮辱他。(道消失。)

⑤道不足,才有不道的事情产生。

⑥悠闲呀!他的政令很少,(无为。)

⑦功绩完成了,事情办好了,百姓都说他守道。

【本章全文解读】

本章主要阐述了以下五个方面的内容:

①人的规律是无,即道是无。

②无不足道消亡。

③道消亡是指道减少、道变小、道消失。

④道不足,才有不道的事情产生。

⑤有为是不道,无为是有道。

【我的应用】

①为什么国家的公信力不断下降？为什么社会的诚信度不断降低？

请问国家的公信力不断下降是什么？国家的公信力不断下降是道消亡；

道消亡是什么？道消亡是有为；

有为是什么？有为是官员越来越不道。

因此，国家的公信力不断下降，是因为官员越来越不道。

请问社会的诚信度不断降低是什么？社会的诚信度不断降低是道消亡；

道消亡是什么？道消亡是有为；

有为是什么？有为是百姓越来越不道。

因此，社会的诚信度不断降低，是因为百姓越来越不道。

②为什么百姓的免疫力越来越差？为什么百姓的发病率越来越高？

请问免疫力越来越差、发病率越来越高是什么？

免疫力越来越差、发病率越来越高是道消亡；

道消亡是什么？道消亡是有为；

有为是什么？有为是百姓的饮食越来越不道。

因此，百姓的免疫力越来越差，百姓的发病率越来越高，是因为百姓的饮食越来越不道。

③为什么百姓畏惧官吏？为什么百姓侮辱官吏？为什

么百姓仇恨官吏？

请问百姓畏惧官吏、侮辱官吏、仇恨官吏是什么？

百姓畏惧官吏、侮辱官吏、仇恨官吏是道消亡；

道消亡是什么？道消亡是有为；

有为是什么？有为是官吏不道。

因此，百姓畏惧官吏、侮辱官吏、仇恨官吏，是因为官吏不道。

④为什么干群关系对立？为什么医患关系紧张？

请问干群关系对立、医患关系紧张是什么？

干群关系对立、医患关系紧张是道消亡；

道消亡是什么？道消亡是有为；

有为是什么？有为是干部和医院不道。

因此，干群关系对立，医患关系紧张，是因为干部和医院不道。

⑤道不伤天，道不伤地，道不伤万物。

请问道不伤天、道不伤地、道不伤万物是什么？

道不伤天、道不伤地、道不伤万物是道不有为；

道不有为是什么？道不有为是自然；

自然是什么？自然是规律。

因此，道不伤天，道不伤地，道不伤万物。

⑥不有为，人就不会生病，人就不会伤身，人就不会失道。

请问人不会生病、人不会伤身、人不会失道是什么？

人不会生病、人不会伤身、人不会失道是道不消亡；

道不消亡是什么？道不消亡是不有为。

因此，不有为，人就不会生病、人就不会伤身、人就不会失道。

⑦不有为,就不会有征服,就不会有强拆,就不会有暴力抗法。

请问不会有征服,不会有强拆,不会有暴力抗法是什么?

不会有征服,不会有强拆,不会有暴力抗法是道不消亡;

道不消亡是什么? 道不消亡是不有为。

因此,不有为,就不会有征服,就不会有强拆,就不会有暴力抗法。

⑧不有为,就不会有官迷,就不会有财迷,就不会有道减少、道变小、道消失。

请问不会有官迷,不会有财迷,不会有道减少、道变小、道消失是什么?

不会有官迷,不会有财迷,不会有道减少、道变小、道消失是道不消亡;

道不消亡是什么? 道不消亡是不有为。

因此,不有为,就不会有官迷,就不会有财迷,就不会有道减少、道变小、道消失。

⑨多行不道必自毙,故有道者不处。

请问多行不道是什么? 多行不道是不道的事情做得太多;

不道的事情做得太多是什么? 不道的事情做得太多是人消失得太快;

人消失得太快是什么? 人消失得太快是无异于自杀。

因此,多行不道必自毙,故有道者不处。

《道德经》第十八章

①大道废,有仁义;

②智慧出,有大伪;

③六亲不和,有孝慈;

④国家昏乱,有忠臣。

【本章重点字句解读】

①废:废弃。仁义:儒家所推崇的做事情的原则。

②大伪:大的欺诈,指骗子。

③六亲:古代指父、母、兄、弟、妻、子,这里指家庭。孝:孝是中国人处理与自己父母之间关系的一种行为准则,慈:慈是父母或长辈处理与晚辈之间关系的行为准则。孝慈:指有为的孝慈。

④昏乱:指官场黑暗,社会混乱。

【本章逐句解读】

①大道废弃了,才有了仁义的盛行;(道不足,才有不道的事情产生。)

②智慧出现了,才有了骗子的盛行;(道不足,才有不道的事情产生。)

③家庭不和了,才有了孝慈的盛行;(道不足,才有不道的事情产生。)

④国家昏乱了,才有了忠臣的盛行。(道不足,才有不道的事情产生。)

【本章全文解读】

本章从以下四个方面阐述了失道的恶果:

①百姓失道了,才有了仁义的盛行。

②智慧失道了,才有了骗子的盛行。

③家庭失道了,才有了孝慈的盛行。

④国家失道了,才有了忠臣的盛行。

【我的应用】

①孝子和仁义皆为不道,故有道者不处。
请问孝子和仁义是什么? 孝子和仁义是有为;
有为是什么? 有为是道消亡;
道消亡是什么? 道消亡是不道。
因此,孝子和仁义皆为不道,故有道者不处。

②忠臣和奸臣皆为不道,故有道者不处。
请问忠臣和奸臣是什么? 忠臣和奸臣是有为;

有为是什么？有为是道消亡；

道消亡是什么？道消亡是不道。

因此,忠臣和奸臣皆为不道,故有道者不处。

③兄弟因何反目？母子因何成仇？

请问兄弟反目、母子成仇是什么？兄弟反目、母子成仇是道消亡；

道消亡是什么？道消亡是不道；

不道是什么？不道是有为。

因此,兄弟因有反目,母子因有成仇。

④夫妻因何争吵？儿女因何不孝？

请问夫妻争吵、儿女不孝是什么？夫妻争吵、儿女不孝是道消亡；

道消亡是什么？道消亡是不道；

不道是什么？不道是有为。

因此,夫妻因有争吵,儿女因有不孝。

⑤为什么腰酸腿痛、手脚麻木？为什么头昏脑胀、四肢无力？

请问腰酸腿痛、手脚麻木,头昏脑胀、四肢无力是什么？
腰酸腿痛、手脚麻木,头昏脑胀、四肢无力是道消亡；

道消亡是什么？道消亡是有为；

有为是什么？有为是不道。

因此,腰酸腿痛、手脚麻木,头昏脑胀、四肢无力,是因为不道。

⑥为什么体乏不休就会无力？为什么气血不足就会生病？

请问体乏不休就会无力,气血不足就会生病是什么？

体乏不休就会无力,气血不足就会生病是道消亡；

道消亡是什么？道消亡是有为；

有为是什么？有为是不道。

因此,体乏不休就会无力,气血不足就会生病,是因为不道。

⑦为什么矛盾无处不在无处不有？为什么伤人的事情比比皆是？

请问矛盾无处不在无处不有,伤人的事情比比皆是是什么？

矛盾无处不在无处不有,伤人的事情比比皆是是道消亡；

道消亡是什么？道消亡是有为；

有为是什么？有为是不道的事情太多。

因此,矛盾无处不在无处不有,伤人的事情比比皆是,是因为不道的事情太多。

⑧为什么家庭不和？为什么国家昏乱？为什么世界和平不在？

请问家庭不和、国家昏乱、世界和平不在是什么？

家庭不和、国家昏乱、世界和平不在是道消亡；

道消亡是什么？道消亡是有为；

有为是什么？有为是不道。

因此,家庭不和、国家昏乱、世界和平不在,是因为不道。

⑨不有为,就不会有谎言,就不会有欺诈,就不会有虚假,就不会有不道的事情产生。

请问不会有谎言,不会有欺诈,不会有虚假,不会有不道的事情产生是什么？

不会有谎言,不会有欺诈,不会有虚假,不会有不道的事情产生是道不消亡；

道不消亡是什么？道不消亡是不有为。

因此,不有为,就不会有谎言,就不会有欺诈,就不会有虚假,就不会有不道的事情产生。

《道德经》第十九章

①绝圣弃智,民利百倍;

②绝仁弃义,民复孝慈;

③绝巧弃利,盗贼无有;

④此三者,以为文不足,故令有所属。

⑤见素抱朴,

⑥少私寡欲,

⑦绝学无忧。

【本章重点字句解读】

①绝、弃:杜绝,抛弃。利:好处。

②孝慈:指无为的孝慈。

③巧:巧技。利:指逐利。无有:没有。

④文不足:无不足。文:美德,指无。有所属:有所归属。

⑤见素抱朴:学习道,持守道,指修道用道。素、朴:本质,本性,代指道。

⑥少、寡:减少。私:自私。欲:欲望。

⑦绝学：不学习不道的事情。忧：忧愁和烦恼。

【本章逐句解读】

①抛弃圣贤和智慧，百姓会得到百倍的好处；(减少有至无的位置。)

②抛弃仁爱和正义，百姓就会重新回到孝慈；(减少有至无的位置。)

③抛弃巧技和逐利，盗贼就会没有；(减少有至无的位置。)

④这三点我认为还是无不足，因此，让它们有所归属。

⑤学习道持守道，(无为。)

⑥减少自私减少欲望，(减少有至无的位置。)

⑦不学习不道的事情就不会有忧愁和烦恼。(不有为是人不消亡。)

【本章全文解读】

本章主要阐述了以下五个方面的内容：

①无为的孝慈有道，有为的孝慈失道。

②减少有至无的位置，百姓就会重新归附于道。

③让百姓学习道，持守道，百姓就不会有忧愁和烦恼。

④不有为是人不消亡。

⑤人之道是无而不是有。

【我的应用】

①师生关系因何恶化？人际关系因何冷漠？

请问师生关系恶化、人际关系冷漠是什么？

师生关系恶化、人际关系冷漠是道消亡；

道消亡是什么？道消亡是有为；

有为是什么？有为是不道。

因此，师生关系恶化，人际关系冷漠，是因为不道。

②社会矛盾因何越来越大？刑事案件因何越来越多？

请问社会矛盾越来越大、刑事案件越来越多是什么？

社会矛盾越来越大、刑事案件越来越多是道消亡；

道消亡是什么？道消亡是有为；

有为是什么？有为是不道的事情越来越多。

因此，社会矛盾越来越大，刑事案件越来越多，是因为不道的事情越来越多。

③为什么相爱容易相守难？为什么大家都信任我而不信任他？为什么官员的数量越来越多？

相爱容易相守难，是因为相爱是无为，相守是有为。

大家都信任我而不信任他，是因为我是无为，他是有为。

官员的数量越来越多，是因为国家越来越不道。

④为什么快乐不能长久？为什么眼不见心不烦？为什么事情办不成？

快乐不能长久,是因为快乐不是道。

眼不见心不烦,是因为不有为人不消亡。

事情办不成,是因为不道。

⑤处无为之事人就不会有痛苦,行不言之教人就不会有烦恼。

请问处无为之事、行不言之教是什么?处无为之事、行不言之教是无为;

无为是什么?无为是道不消亡;

道不消亡是什么?道不消亡是人就不会有痛苦,是人就不会有烦恼。

因此,处无为之事人就不会有痛苦,行不言之教人就不会有烦恼。

⑥修道,就不会有钩心斗角,就不会有尔虞我诈,就不会有你争我夺,就不会有打打杀杀。

请问不会有钩心斗角、不会有尔虞我诈、不会有你争我夺、不会有打打杀杀是什么?

不会有钩心斗角、不会有尔虞我诈、不会有你争我夺、不会有打打杀杀是道不消亡;

道不消亡是什么?道不消亡是无为;

无为是什么?无为是修道。

因此,修道,就不会有钩心斗角,就不会有尔虞我诈,不会有你争我夺,就不会有打打杀杀。

⑦修道,就不会有阴谋诡计,就不会有流言蜚语,就不会

有是是非非。

请问不会有阴谋诡计、不会有流言蜚语、不会有是是非非是什么？

不会有阴谋诡计、不会有流言蜚语、不会有是是非非是道不消亡；

道不消亡是什么？道不消亡是无为；

无为是什么？无为是修道。

因此,修道,不会有阴谋诡计,就不会有流言蜚语,就不会有是是非非。

⑧修道,就不会有妻离子散,就不会有家破人亡,就不会有灾难的事情发生。

请问不会有妻离子散、不会有家破人亡、不会有灾难的事情发生是什么？

不会有妻离子散、不会有家破人亡、不会有灾难的事情发生是道不消亡；

道不消亡是什么？道不消亡是无为；

无为是什么？无为是修道。

因此,修道,就不会有妻离子散,就不会有家破人亡,就不会有灾难的事情发生。

⑨让每个人都学道、用道、守道,是人之本、家之本、国之本、世界之根本。

请问让每个人都学道、用道、守道是什么？

让每个人都学道、用道、守道是无为；

无为是什么？无为是道不消亡；

道不消亡是什么？道不消亡是天地、万物、人类生生不息；

天地、万物、人类生生不息是什么？

天地、万物、人类生生不息是人之本、家之本、国之本、世界之根本。

因此，让每个人都学道、用道、守道，是人之本、家之本、国之本、世界之根本。

《道德经》第二十章

①唯之与阿,相去几何?

②美之与恶,相去若何?

③人之所畏,不可不畏。

④荒兮,其未央哉!

⑤众人熙熙,如享太牢,如春登台。

⑥我独泊兮其未兆,

⑦沌沌兮如婴儿之未孩;

⑧儽儽兮若无所归。

⑨众人皆有余,而我独若遗。

⑩我愚人之心也哉!

⑪俗人昭昭,我独昏昏;

⑫俗人察察,我独闷闷。

⑬澹兮其若海,飂兮若无止。

⑭众人皆有以,而我独顽且鄙。

⑮我独异于人,而贵食母。

【本章重点字句解读】

①唯：谦卑的应答声,指呵斥。阿：音ē,阿谀,说别人爱听的话迎合,指恭维。相去几何：相差有多少。

②美：美丽。恶：丑陋。相去若何：相距怎样,指区别在哪里。

③人之所畏：人所畏惧的。

④荒：广大无边。未央：没有尽头。

⑤熙熙：欢乐的样子。如享：如同享受。太牢：古代祭祀的仪式,牛、羊、猪三牲具备谓之太牢,这里指丰盛的宴席。

⑥泊：停留,安静,指安静地坐在那里。未兆：没有征兆,指不为所动。

⑦沌沌：音dùndùn,愚昧无知的样子。婴儿之未孩：不会笑的婴儿。孩：小儿笑。

⑧儽儽：音léiléi,颓丧的样子。无所归：无家可归。

⑨有余：指吃得过度。遗：指留有余地。

⑩我愚人之心也哉：我有一颗愚人的心呀。

⑪俗人：指所有的人。昭昭：光彩照人。昏昏：黯然失色。

⑫察察：精明至极。闷闷：愚昧、浑噩貌,指愚蠢透顶。

⑬澹：音 dàn，恬静、安然的样子，指静的时候。若海：如同风平浪静的大海。飂兮若无止：动的时候如同不停止的飂风。飂：飂风，指动的时候。

⑭有：占有。顽：愚钝。鄙：孤陋寡闻，指无知。

⑮独异于人：与众不同。贵：最重要的，比喻事物最关紧要的部分，对事物起决定作用的因素，这里指关键。食母：指守道。食：接受，采纳。母：本源，指道。

【本章逐句解读】

①呵斥与恭维，相差有多少？（有为。）

②美丽与丑陋，区别在哪里？（有为。）

③人所畏惧的，不能不畏惧。（有为是人消亡。）

④它广大无边呀！它没有尽头呀！

⑤众人欢乐的样子，如同享受丰盛的宴席，如同春天登上高台远望美景。（有为。）

⑥我独自安静地坐在那里不为所动，（无为。）

⑦无知的样子就如同不会笑的婴儿；（无为。）

⑧颓丧的样子就如同无家可归的乞丐。（无为。）

⑨众人都吃得过度，而唯独我留有余地。（世人有为我无为。）

⑩我有一颗愚人的心呀！（无为。）

⑪所有人的衣服都光彩照人,唯独我的衣服黯然失色;(世人有为我无为。)

⑫所有人做事情都精明至极,唯独我做事情愚蠢透顶。(世人有为我无为。)

⑬静的时候如同风平浪静的大海,动的时候如同不停止的飓风。

⑭所有人都在忙着占有,唯独我愚钝和无知。(世人有为我无为。)

⑮我之所以与众不同,关键在于守道。

【本章全文解读】

本章主要阐述了以下六个方面的内容:
①有为是人消亡。

②有为是人类最恐惧的事情,不能不畏惧。

③道无止境。

④世人有为圣人无为。

⑤圣人之所以与众不同,是因为圣人守道。

⑥人之道是无而不是有。

【我的应用】

①遵守自然的规律有道,违反自然的规律无道。

请问遵守自然的规律是什么？遵守自然的规律是无为；
无为是什么？无为是道发展；
道发展是什么？道发展是有道。
请问违反自然的规律是什么？违反自然的规律是有为；
有为是什么？有为是道消亡；
道消亡是什么？道消亡是无道。
因此,遵守自然的规律有道,违反自然的规律无道。

②量力而行者有道,不量力而行者不道。
请问量力而行者是什么？量力而行者是无为；
无为是什么？无为是道发展；
道发展是什么？道发展是有道。
请问不量力而行者是什么？不量力而行者是有为；
有为是什么？有为是道消亡；
道消亡是什么？道消亡是不道。
因此,量力而行者有道,不量力而行者不道。

③未雨绸缪者有道,不未雨绸缪者不道。
请问未雨绸缪者是什么？未雨绸缪者是无为；
无为是什么？无为是道发展；
道发展是什么？道发展是有道。
请问不未雨绸缪者是什么？不未雨绸缪者是有为；
有为是什么？有为是道消亡；
道消亡是什么？道消亡是不道。
因此,未雨绸缪者有道,不未雨绸缪者不道。

④身体力行者有道,不身体力行者不道。
请问身体力行者是什么？身体力行者是无为；
无为是什么？无为是道发展；
道发展是什么？道发展是有道。
请问不身体力行者是什么？不身体力行者是有为；
有为是什么？有为是道消亡；
道消亡是什么？道消亡是不道。
因此,身体力行者有道,不身体力行者不道。

⑤无忧无虑者有道,有忧有虑者不道。
请问无忧无虑者是什么？无忧无虑者是无为；
无为是什么？无为是道发展；
道发展是什么？道发展是有道。
请问有忧有虑者是什么？有忧有虑者是有为；
有为是什么？有为是道消亡；
道消亡是什么？道消亡是不道。
因此,无忧无虑者有道,有忧有虑者不道。

⑥善始善终者有道,善始不善终者不道。
请问善始善终者是什么？善始善终者是无为；
无为是什么？无为是道发展；
道发展是什么？道发展是有道。
请问善始不善终者是什么？善始不善终者是有为；
有为是什么？有为是道消亡；
道消亡是什么？道消亡是不道。

因此,善始善终者有道,善始不善终者不道。

⑦不影响别人有道,影响别人不道。
请问不影响别人是什么? 不影响别人是无为;
无为是什么? 无为是道发展;
道发展是什么? 道发展是有道。
请问影响别人是什么? 影响别人是有为;
有为是什么? 有为是道消亡;
道消亡是什么? 道消亡是不道。
因此,不影响别人有道,影响别人不道。

⑧捡了东西要还有道,捡了东西不还不道。
请问捡了东西要还是什么? 捡了东西要还是无为;
无为是什么? 无为是道发展;
道发展是什么? 道发展是有道。
请问捡了东西不还是什么? 捡了东西不还是有为;
有为是什么? 有为是道消亡;
道消亡是什么? 道消亡是不道。
因此,捡了东西要还有道,捡了东西不还不道。

⑨不道的事情比比皆是,有道的事情寥寥无几。
恭维一不道,呵斥二不道;
赞美三不道,厌恶四不道;
虚荣五不道,嫉妒六不道;
猜疑七不道,歧视八不道;
攀比九不道,仇恨十不道;

争吵十一不道,伤害十二不道;
贪婪十三不道,抱怨十四不道;
抽烟十五不道,喝酒十六不道;
打人十七不道,骂人十八不道。

《道德经》第二十一章

①孔德之容,惟道是从。

②道之为物,惟恍惟惚。

③惚兮恍兮,其中有象;

④恍兮惚兮,其中有物;

⑤窈兮冥兮,其中有精;

⑥其精甚真,其中有信。

⑦自古及今,其名不去,以阅众甫。

⑧吾何以知众甫之状哉?以此。

【本章重点字句解读】

①孔德:大德,指用道的水平很高。容:宽容。惟道是从:只遵从于道。

②物:物质。惟恍惟惚:只有在无与有的变化中才能找到它。恍惚:仿佛,若有若无,指在无与有的变化中。

③惚兮恍兮:在无与有的变化中。有象:有它的表象。

④恍兮惚兮:在无与有的变化中。有物:有它的本质。

⑤窈、冥：幽暗，昏暗，若有若无，指在无与有的变化中。有精：有它的精髓。

⑥真：与客观事实相符。信：指本源。

⑦不去：不消失，指没有消失过。以阅众甫：用它可以了解万物。众甫：指万物；甫，音 fǔ。

⑧吾何以知：我怎么知道。状：状况。

【本章逐句解读】

①大德的人在于宽容，在于他只遵从于道。

②道是物质，只有在无与有的变化中才能找到它。

③在无与有的变化中，有它的表象；

④在无与有的变化中，有它的本质；

⑤ 在无与有的变化中，有它的精髓；

⑥它的精髓与客观事实很是相符，它的里面有本源。

⑦从古到今，它的名字从来没有消失过，用它可以了解万物。

⑧我怎么知道万物的状况？用这个。

【本章全文解读】

本章主要阐述了以下七个方面的内容：

①大德的人只遵从于道。

②道是物质。

③无是道的本质,有是道的表象。

④无是道的本源。

⑤道是与客观事实相符的。

⑥用道可以了解万物。

⑦人之道是无而不是有。

【我的应用】

①变化的物质是表,不变的物质是本。
请问变化的物质是什么? 变化的物质是有;
有是什么? 有是道之表。
请问不变的物质是什么? 不变的物质是无;
无是什么? 无是道之本。
因此,变化的物质是表,不变的物质是本。

②能改变的是有,不能改变的无。
请问能改变的是有,不能改变的无是什么?
能改变的是有,不能改变的无是无为;
无为是什么? 无为是自然;
自然是什么? 自然是道;
道是什么? 道是有和无的规律。
因此,能改变的是有,不能改变的是无。

③任何物质都是表与本的同一。

请问物质是什么？物质是无与有同一；

无是什么？无是道之本；

有是什么？有是道之表。

因此，任何物质都是表与本的同一。

④我求其本而不求其表，求其无而不求其有，凡同于此者皆为有道。

请问求其本而不求其表、求其无而不求其有是什么？

求其本而不求其表、求其无而不求其有是无为而不有为；

无为而不有为是什么？无为而不有为是道不消亡；

道不消亡是什么？道不消亡是有道。

因此，我求其本而不求其表，求其无而不求其有。凡同于此者皆为有道。

⑤迷雾掩盖不了真相，外表隐藏不了本质，凡同于此者皆为有道。

请问迷雾掩盖不了真相、外表隐藏不了本质是什么？

迷雾掩盖不了真相、外表隐藏不了本质是无为；

无为是什么？无为是道不消亡；

道不消亡是什么？道不消亡是有道。

因此，迷雾掩盖不了真相，外表隐藏不了本质，凡同于此者皆为有道。

⑥智者忙、愚者闲是人生的表象，有道与无道是人生的本质。

请问智者忙是什么？智者忙是求其表；

求其表是什么？求其表是有为；

有为是什么？有为是无道。

请问愚者闲是什么？愚者闲是求其本；

求其本是什么？求其本是无为；

无为是什么？无为是有道。

因此，智者忙、愚者闲是人生的表象，有道与无道是人生的本质。

⑦医者治其标，道者治其本。

请问治其标是什么？治其标是求其表；

求其表是什么？求其表是有为；

有为是什么？有为是医者。

请问治其本是什么？治其本是求其本；

求其本是什么？求其本是无为；

无为是什么？无为是道者。

因此，医者治其标，道者治其本。

⑧我是怎么知道天地、万物、人类的变化状况的？

请问天地、万物、人类是什么？天地、万物、人类是无与有；

有道是什么？有道是有发展；

不道是什么？不道是有消亡。

我是怎么知道天地、万物、人类的变化状况的？以此。

⑨有什么样的国策就会有什么样的国家。

请问国策是什么？国策是无与有；

有道的国策是什么？有道的国策是国家发展；

无道的国策是什么？无道的国策是国家消亡。

因此,有什么样的国策就会有什么样的国家,我是怎么知道一个国家的变化状况的？以此。

《道德经》第二十二章

①曲则全,

②枉则直,

③洼则盈,

④敝则新,

⑤少则得,

⑥多则惑。

⑦是以圣人抱一为天下式。

⑧不自见,故明;

⑨不自是,故彰;

⑩不自伐,故有功;

⑪不自矜,故长。

⑫夫唯不争,故天下莫能与之争。

⑬古之所谓曲则全者,岂虚言哉?

⑭诚全而归之。

【本章重点字句解读】

①曲:弯曲,指委屈。全:求全。

②枉:弯曲。直:矫直。

③洼:凹陷的地方,指低洼。盈:充满。

④敝:旧,指破旧。新:迎新。

⑤少:少取。得:多得。

⑥多:贪多。惑:迷惑。

⑦抱一:指持守于道。抱:持守。一:指道。为天下式:作为认识世界和做事情的方法。

⑧不自见:不自以为清楚。见:看见,知道,指清楚。故明:因此就会明察。明:明察。

⑨不自是:不自以为正确。彰:彰显。

⑩伐:自夸。功:功誉。

⑪矜:自大。长:成长。

⑫不争:不与人争。莫能:没有人能。

⑬虚言:谎言。

⑭诚全:的确能求全。归之:归属于它。

【本章逐句解读】

①委屈反而能求全,(委屈是道。)

②弯曲反而能矫直,(弯曲是道。)

③低洼反而能充满,(低下是道。)

④破旧反而能迎新,(破旧是道。)

⑤少取反而能多得,(少取是道。)

⑥贪多反而被迷惑。(贪多不是道。)

⑦所以圣人持守于道,用它作为认识世界和做事情的方法。

⑧不自以为清楚,因此就会明察;(不自以为清楚是道。)

⑨不自以为正确,因此就会彰显;(不自以为正确是道。)

⑩不自夸,因此就会有功誉;(不自夸是道。)

⑪不自大,因此就能不断地成长。(不自大是道。)

⑫因为不与人争,所以天下人没有人能与他争。(不争是道。)

⑬古人所说的委屈反而能求全的话,难道是谎言吗?

⑭的确能求全,而且天下都会归属于它。

【本章全文解读】

本章通过用道举例,主要阐述了以下五个方面的内容:

①无是道,有是不道。

②有道是道发展,不道是道消亡。

③圣人把道作为认识世界和做事情的方法。

④用无做事情有道,用有做事情不道。

⑤天地、万物、人类皆归属于道,皆听命于道。

【我的应用】

①求神神不灵,求雨雨不到。
请问求神和求雨是什么? 求神和求雨是无过度;
无过度是什么? 无过度是有为;
有为是什么? 有为是不道;
不道是什么? 不道是徒劳。
因此,求神神不灵,求雨雨不到。

②逃匿逃不了,保密保不住。
请问逃匿和保密是什么? 逃匿和保密是无过度;
无过度是什么? 无过度是有为;
有为是什么? 有为是不道;
不道是什么? 不道是徒劳。
因此,逃匿逃不了,保密保不住。

③生不喜,死不悲,凡同于此者皆为有道。
请问生不喜、死不悲是什么? 生不喜、死不悲是无为;
无为是什么? 无为是人不消亡;

人不消亡是什么？人不消亡是有道。

因此，生不喜，死不悲，凡同于此者皆为有道。

④食不语，言不虚，凡同于此者皆为有道。

请问食不语、言不虚是什么？食不语、言不虚是无为；

无为是什么？无为是人不消亡；

人不消亡是什么？人不消亡是有道。

因此，食不语，言不虚，凡同于此者皆为有道。

⑤严于律己，宽厚待人，凡同于此者皆为有道。

请问严于律己，宽厚待人是什么？

严于律己，宽厚待人是无为；

无为是什么？无为是人不消亡；

人不消亡是什么？人不消亡是有道。

因此，严于律己，宽厚待人，凡同于此者皆为有道。

⑥高与低有何区别？先与后有何不同？多与少有何区别？强与弱有何不同？

请问高与低是什么？高与低是同物；

请问先与后是什么？先与后是同物；

请问多与少是什么？多与少是同物；

请问强与弱是什么？强与弱是同物；

同物是什么？同物是同一物质；

同一物质是什么？同一物质是不可分割。

因此，高低本无别，先后都一样；多少本无别，强弱都一样。

⑦喜高而不喜低,喜先而不喜后,喜多而不喜少,喜强而不喜弱,死去吧!

请问喜高而不喜低、喜先而不喜后、喜多而不喜少、喜强而不喜弱是什么?

喜高而不喜低、喜先而不喜后、喜多而不喜少、喜强而不喜弱是无过度;

无过度是什么?无过度是道消亡;

道消亡是什么?道消亡是人减少、变小、消失;

人减少、变小、消失是什么?人减少、变小、消失是人走向死亡。

因此,喜高而不喜低,喜先而不喜后,喜多而不喜少,喜强而不喜弱,死去吧!

⑧只想争先不想落后,只想争强不想示弱,只想占便宜不想吃亏,死去吧!

请问只想争先不想落后、只想争强不想示弱、只想占便宜不想吃亏是什么?

只想争先不想落后、只想争强不想示弱、只想占便宜不想吃亏是无过度;

无过度是什么?无过度是道消亡;

道消亡是什么?道消亡是人减少、变小、消失;

人减少、变小、消失是什么?人减少、变小、消失是人走向死亡。

因此,只想争先不想落后,只想争强不想示弱,只想占便宜不想吃亏,死去吧!

⑨吃不知为何,喝不知为何,做不知为何,死去吧!

请问吃不知为何、喝不知为何、做不知为何是什么?

吃不知为何、喝不知为何、做不知为何是有为;

有为是什么?有为是道消亡;

道消亡是什么?道消亡是人减少、变小、消失;

人减少、变小、消失是什么?人减少、变小、消失是人走向死亡。

因此,吃不知为何,喝不知为何,做不知为何,死去吧!

《道德经》第二十三章

①希言自然。

②故飘风不终朝,

③骤雨不终日。

④孰为此者?天地。

⑤天地尚不能久,而况于人乎?

⑥故从事于道者,同于道。

⑦德者,同于德。

⑧失者,同于失。

⑨同于道者,道亦乐得之;

⑩同于德者,德亦乐得之;

⑪同于失者,失亦乐得之。

⑫信不足焉,有不信焉。

【本章重点字句解读】

①希言:减少说话的数量。希:指减少。

②飘风:旋风,狂风。不终朝:不会一整天不停。

③骤雨:暴雨。不终日:不会一整天不歇。

④孰为此者:这是谁做的？此:指狂风和暴雨。

⑤尚:尚且。

⑥从事于道者:做事情有道的人。道者:有道的人。同于道:与道相同,指他的生命和他的道一样长。

⑦德者:做事情有德的人。同于德:与德相同,指他的生命和他的德一样长。

⑧失者:做事情失去道德的人。同于失:与失去的道德相同,指他的生命和他失去的道德一样地失去。

⑨同于道者:与道相同的人,指有道的人。乐得之:高兴地接纳他。

⑩同于德者:与德相同的人,指有德的人。

⑪同于失者:与失去道德相同的人,指失去道德的人。

⑫信不足焉:道不足。信:指道。有不信焉:才有不道的事情产生。

【本章逐句解读】

①减少说话的数量,是道。(无为是道。)

②因此,狂风不会一整天不停,(有总是要回到无的位置。)

③暴雨不会一整天不歇。(有总是要回到无的位置。)

④这是谁做的?天地。

⑤天地做的尚且不能长久,何况于人呢?(有为是有消亡。)

⑥因此,做事情有道的人他的生命和他的道一样长。(道有多大有就有多大。)

⑦做事情有德的人他的生命和他的德一样长。(道有多大有就有多大。)

⑧做事情失去道德的人他的生命和他失去的道德一样地失去。(道有多大有就有多大。)

⑨与道相同的人,道会很高兴地接纳他;

⑩与德相同的人,德会很高兴地接纳他;

⑪失去道德的人,失败会很高兴地接纳他。(不道是失败。)

⑫道不足,才有不道的事情产生。

【本章全文解读】

本章主要阐述了以下八个方面的内容:

①无为是道,有为是不道。

②任何物质最后都要回到无的位置。

③有为是有消亡。

④道有多大有就有多大。

⑤有道德的人长寿,无道德的人短命。

⑥有道德的人成功,无道德的人失败。

⑦道不足,才有不道的事情产生。

⑧天地、万物、人类皆归属于道,皆听命于道。

【我的应用】

①天寿与人寿有何区别？天道与人道有何不同？
天寿是无为,人寿是有为。
天道是无为,人道是有为。

②为什么花开花又落？为什么草绿草又枯？
请问花开和草绿是什么？花开和草绿是道发展；
道发展是什么？道发展是道从无到有。
请问花落和草枯是什么？花落和草枯是道消亡；
道消亡是什么？道消亡是道从有到无。
因此,花开花又落,草绿草又枯,是道从无到有、从有到无在变化。

③寿者道也,道有多高,寿就有多长。
请问寿命是什么？寿命是无与有；
无与有是什么？无与有是道。
请问道有多高,寿就有多长是什么？

道有多高,寿就有多长,是道有多大,有就有多大;

道有多大,有就有多大是什么?道有多大,有就有多大是自然;

自然是什么?自然是道;

道是什么?道是规律。

因此,寿者道也,道有多高,寿就有多长。

④有德的人必定有道,无德的人必定无道。

请问有德的人是什么?有德的人是无为;

无为是什么?无为是有道。

无德的人是什么?无德的人是有为;

有为是什么?有为是无道。

因此,有德的人必定有道,无德的人必定无道。

⑤无为必定事情成功,有为必定事情失败。

请问无为是什么?无为是做规律的事情;

做规律的事情是什么?做规律的事情是有道;

有道是什么?有道是事情成功。

请问有为是什么?有为是做违反规律的事情;

做违反规律的事情是什么?做违反规律的事情是不道;

不道是什么?不道是事情失败。

因此,无为必定事情成功,有为必定事情失败。

⑥为什么减肥减不成?为什么治病治不好?

请问减肥减不成、治病治不好是什么?减肥减不成、治病治不好是失败;

失败是什么？失败是不道；

不道是什么？不道是有为；

有为是什么？有为是做事情的方法错了。

因此，减肥减不成，治病治不好，是因为不道，是因为做事情的方法错了。

⑦为什么房子越来越贵？为什么物价越来越高？为什么钞票越来越毛？

请问房子越来越贵、物价越来越高、钞票越来越毛是什么？

房子越来越贵、物价越来越高、钞票越来越毛是无过度；

无过度是什么？无过度是道消亡；

道消亡是什么？道消亡是不道。

因此，房子越来越贵，物价越来越高，钞票越来越毛，是因为不道。

⑧为什么地陷越来越多？为什么天灾越来越多？为什么垃圾越来越多？

请问地陷、天灾、垃圾越来越多是什么？

地陷、天灾、垃圾越来越多是道消亡；

道消亡是什么？道消亡是有为；

有为是什么？有为是人类越来越不道。

因此，地陷、天灾、垃圾越来越多，是因为人类越来越不道。

⑨不有为，就不会有失败，就不会有徒劳，就不会有不道

的事情产生。

请问不会有失败、不会有徒劳、不会有不道的事情产生是什么?

不会有失败、不会有徒劳、不会有不道的事情产生是道不消亡;

道不消亡是什么? 道不消亡是不有为。

因此,不有为,就不会有失败,就不会有徒劳,就不会有不道的事情产生。

《道德经》第二十四章

①企者不立,

②跨者不行,

③自见者不明,

④自是者不彰,

⑤自伐者无功,

⑥自矜者不长。

⑦其在道也曰:

⑧余食赘形。

⑨物或恶之,故有道者不处。

【本章重点字句解读】

①企:踮起脚跟。不立:不能长久站立。

②跨:跨步,指迈大步。不行:不能长久行走。

③自见者:自以为清楚的人。不明:不能明察。

④自是者:自以为正确的人。不彰:不能彰显。

⑤自伐者:自夸的人。无功:不会有功誉。

⑥自矜者:自大的人;矜:音 jīn。不长:不能成长;长:音 zhǎng。

⑦在道也曰:从道的观点来说。

⑧余食:饱食。赘形:指多余的赘肉;赘:音 zhuì。

⑨物或恶之:物质不道它伤害人。或:有,指不道。恶:音 è,伤害。不处:不会让它存在的。

【本章逐句解读】

①踮起脚跟的人不能长久地站立,(有为是不道。)

②迈大步的人不能长久地行走,(有为是不道。)

③自以为清楚的人,不能明察,(有为是不道。)

④自以为正确的人,不能彰显,(有为是不道。)

⑤自夸的人,不会有功誉,(有为是不道。)

⑥自大的人,不能成长。(有为是不道。)

⑦它们从道的观点来说:

⑧就如同饱食而生出的赘肉。

⑨物质不道它伤害人,所以,有道的人是不会让它存在的。

【本章全文解读】

本章主要阐述了以下四个方面的内容：

①有为是不道,有为是道消亡。

②物质不道它伤害人。

③修道就是要不断地减少自己身上的那些不道的事物。

④人之道是无而不是有。

【我的应用】

①追着孩子喂饭,其结果是孩子伤身;不让孩子做事,其结果是孩子无能。

请问追着孩子喂饭是什么？追着孩子喂饭是无过度；

无过度是什么？无过度是道消亡；

道消亡是什么？道消亡是孩子伤身。

因此,追着孩子喂饭,其结果是孩子伤身。

请问不让孩子做事是什么？不让孩子做事是无过度；

无过度是什么？无过度是道消亡；

道消亡是什么？道消亡是孩子无能。

因此,不让孩子做事,其结果是孩子无能。

②抱着孩子走路,哄着孩子睡觉,其结果是孩子失道。

请问抱着孩子走路、哄着孩子睡觉是什么？

抱着孩子走路、哄着孩子睡觉是无过度；

无过度是什么？无过度是道消亡；

道消亡是什么？道消亡是孩子失道。

因此,抱着孩子走路,哄着孩子睡觉,其结果是孩子失道。

③孩子的玩具不如不买,孩子的礼物不如不送。

请问孩子的玩具不如不买、孩子的礼物不如不送是什么?

孩子的玩具不如不买、孩子的礼物不如不送是无不过度；

无不过度是什么？无不过度是道不消亡；

道不消亡是什么？道不消亡是孩子有道。

因此,孩子的玩具不如不买,孩子的礼物不如不送。

④百依百顺的家长不是好家长,听话的孩子不是好孩子。

请问百依百顺的家长是什么？百依百顺的家长是无过度；

无过度是什么？无过度是道消亡；

道消亡是什么？道消亡是孩子失道。

因此,百依百顺的家长不是好家长。

请问听话的孩子是什么？听话的孩子是无自己；

无自己是什么？无自己是人消亡；

人消亡是什么？人消亡是失道。

因此,听话的孩子不是好孩子。

⑤为什么孩子感冒、发烧、咳嗽、疾病不断？为什么孩子打滚撒泼、又哭又闹？

请问孩子感冒、发烧、咳嗽、疾病不断是什么？

孩子感冒、发烧、咳嗽、疾病不断是人消亡；

人消亡是什么？人消亡是孩子失道。

因此，孩子感冒、发烧、咳嗽、疾病不断，是因为孩子失道。

请问孩子打滚撒泼、又哭又闹是什么？孩子打滚撒泼、又哭又闹是有为；

有为是什么？有为是道消亡；

道消亡是什么？道消亡是孩子失道。

因此，孩子打滚撒泼、又哭又闹，是因为孩子失道。

⑥为什么孩子打人骂人、好吃懒做？为什么孩子游手好闲、惹是生非？

请问孩子打人骂人、好吃懒做是什么？孩子打人骂人、好吃懒做是有为；

有为是什么？有为是道消亡；

道消亡是什么？道消亡是孩子失道。

因此，孩子打人骂人、好吃懒做，是因为孩子失道。

请问孩子游手好闲、惹是生非是什么？孩子游手好闲、惹是生非是有为；

有为是什么？有为是道消亡；

道消亡是什么？道消亡是孩子失道。

因为,孩子游手好闲、惹是生非,是因为孩子失道。

⑦育儿不道他害人,故有道者不处。

请问育儿不道是什么?育儿不道是人消亡;

人消亡是什么?人消亡是孩子失道;

孩子失道是什么?孩子失道是被伤害。

因此,育儿不道他害人,故有道者不处。

⑧自我不是道,故有道者不处。

人类在追求自我的过程中,迷失了方向,丧失了本性。本性这东西,一旦失去了,就很难再找回来了,往往只能一错再错,错上加错,在错误中度过自己的一生。正像有人说的那样,我把自己弄丢了,再也找不到回家的路了!

请问自我是什么?自我是无过度;

无过度是什么?无过度是道消亡;

道消亡是什么?道消亡是不道。

因此,自我不是道,故有道者不处。

下面将自我的现象部分的举例如下,仅供参考。

首先是自我坚持:

有的人,坚持自以为是;

有的人,坚持自以为见;

有的人,坚持自以为大;

有的人,坚持自以为尊;

有的人,坚持自满和自夸;

有的人,坚持自得和自傲。

其次是自我价值:

有人说,学历越高越有价值;

有人说,职位越高越有价值;

有人说,才艺越高越有价值;

有人说,公司越大越有价值;

有人说,事业越大越有价值;

有人说,财富越多越有价值。

第三是自我需要:

有人说,我需要有人疼我、爱我、关心我;

有人说,我需要有人理解我、读懂我;

有人说,我需要有人帮助我、鼓励我;

有人说,我需要有人信任我、支持我;

有人说,我需要有人宠着我、取悦我;

有人说,我需要有人臣服我、恐惧我。

第四是自我欣赏:

有人说,品味越高越好;

有人说,时尚越酷越好;

有人说,服装越露越好;

有人说,东西越贵越好;

有人说,名气越大越好;

有人说,生活越丰富越好。

殊不知:万般皆下行,唯有道德高。

⑨越有为离人的本性越远,越有为越不道。

请问越有为是什么？越有为是违反规律的事情做得越多；

违反规律的事情做得越多是什么？违反规律的事情做得越多是道越消亡；

道越消亡是什么？道越消亡是离人的本性越远；

离人的本性越远是什么？离人的本性越远是越不道。

因此，越有为离人的本性越远，越有为越不道。

《道德经》第二十五章

①有物混成,先天地生。

②寂兮寥兮,独立而不改,周行而不殆,

③以为天地母。

④吾不知其名,故强字之曰道,强为之名曰大。

⑤大曰逝,

⑥逝曰远,

⑦远曰反。

⑧故道大,天大,地大,人亦大。域中有四大,而人居其一。

⑨人法地,地法天,天法道,道法自然。

【本章重点字句解读】

①混成:混合而成。先天地生:先于宇宙和地球产生。

②寂:指无声。寥:空虚,指无形。周行:周而复始的运行。不殆:不疲惫;殆:音 dài。

③天地:宇宙和地球。母:本源。

④强字之曰道:勉强起个名字叫做道。

⑤大曰逝:大到极限就会走向消亡。逝:死亡,这里代指消亡。

⑥逝曰远:消亡就会越来越小。远:越来越远,这里指越来越小。

⑦远曰反:越来越小就会走向它的反面。

⑧道大:道的规律。域中:宇宙中。域:在一定的范围之内,这里指宇宙。人居其一:人的规律占据其中之一。

⑨法:法则,指规律。

【本章逐句解读】

①有一个物质由无与有混合而成,先于宇宙和地球产生。

②它无声无形,独立存在不改变,周而复始地运行不疲惫,

③我认为它是宇宙和地球的本源。

④我不知道它的名字,因此,勉强起个名字叫做道,勉强起个名字叫做大。

⑤大到极限就会走向消亡,

⑥消亡就会越来越小,

⑦越来越小就会走向它的反面。

⑧所以，道的规律、宇宙的规律、地球的规律、人的规律，宇宙中有这四种规律，而人的规律占据其中之一。

⑨人的规律要遵从地球的规律，地球的规律要遵从宇宙的规律，宇宙的规律要遵从道的规律，道的规律要遵从自然的规律。

【本章全文解读】

本章主要阐述了以下七个方面的内容：

①道是无与有，它产生于物质出现以前。

②道无声无形，独立存在不改变，周而复始地运行不停止。

③道是天地万物的本源。

④道是物质从无到有、从有到无的变化。

⑤宇宙中有道、天、地、人四种规律。

⑥道、天、地、人四种规律的相互关系。

⑦天地、万物、人类皆归属于道，皆听命于道。

【我的应用】

①为什么东边日出西边落？为什么水往低处流？

请问东边日出西边落，水往低处流是什么？

东边日出西边落，水往低处流是自然；

自然是什么？自然是道；

道是什么？道是规律。

因此，东边日出西边落，水往低处流。

②为什么地球有四季？为什么人类有长幼？

请问地球有四季、人类有长幼是什么？

地球有四季、人类有长幼是自然；

自然是什么？自然是道；

道是什么？道是规律。

因此，地球有四季，人类有长幼。

③没有道哪有天？没有天哪有地？没有地哪有万物？没有万物哪有人类？没有人类哪有我？

请问我从哪来？我从人类来；

人类从哪来？人类从万物来；

万物从哪来？万物从地球来；

地球从哪来？地球从宇宙来；

宇宙从哪来？宇宙从无来；

无是什么？无是道。

因此，没有道哪有天，没有天哪有地，没有地哪有万物，没有万物哪有人类，没有人类哪有我。

④人不守地人早亡，地不守天地早亡。

请问人不守地是什么？人不守地是人类不遵守地球的规律；

人类不遵守地球的规律是什么？人类不遵守地球的规

律是不道；

不道是什么？不道是人消亡；

人消亡是什么？人消亡是人类早亡。

请问地不守天是什么？地不守天是地球不遵守宇宙的规律；

地球不遵守宇宙的规律是什么？地球不遵守宇宙的规律是不道；

不道是什么？不道是地消亡；

地消亡是什么？地消亡是地球早亡。

因此，人不守地人早亡，地不守天地早亡。

⑤地震频繁是地球在消亡，疾病不断是寿命在减少。

请问地震频繁、疾病不断是什么？地震频繁、疾病不断是道消亡；

道消亡是什么？道消亡是不道；

不道是什么？不道是地球在消亡，是寿命在减少。

因此，地震频繁是地球在消亡，疾病不断是寿命在减少。

⑥天空在一天一天地污染，土地在一天一天地减少，人类在一天一天地走向灭亡。

请问天空在一天一天地污染、土地在一天一天地减少是什么？

天空在一天一天地污染、土地在一天一天地减少是有为；

有为是什么？有为是道消亡；

道消亡是什么？道消亡是不道；

不道是什么？不道是人类在一天一天地走向灭亡。

因此，天空在一天一天地污染，土地在一天一天地减少，人类在一天一天地走向灭亡。

⑦"人定胜天，敢叫地球换新颜"不是道，故有道者不处。

请问"人定胜天，敢叫地球换新颜"是什么？

"人定胜天，敢叫地球换新颜"是无过度；

无过度是什么？无过度是有为；

有为是什么？有为是不道。

因此，"人定胜天，敢叫地球换新颜"不是道，故有道者不处。

⑧道在于天、在于地、在于万物、在于自然，而不在于人。

请问天地、万物、自然是什么？天地、万物、自然是无为；

无为是什么？无为是道。

请问人类是什么？人类是有为；

有为是什么？有为是无道。

因此，道在于天、在于地、在于万物、在于自然，而不在于人。

⑨规律有两种，一种对人有益，一种对人有害。

请问规律是什么？规律是无和有；

有无的规律是什么？有无的规律是人发展；

人发展是什么？人发展是对人有益。

第二十五章

没有无的规律是什么？没有无的规律是人消亡；
人消亡是什么？人消亡是对人有害。
因此,规律有两种,一种对人有益,一种对人有害。
有道是:圣人以无为规律,世人以有为规律。

《道德经》第二十六章

①重为轻根,

②静为躁君。

③是以圣人终日行。

④不离辎重,虽有荣观,燕处超然。

⑤奈何万乘之主而以身轻天下!

⑥轻则失根,躁则失君。

【本章重点字句解读】

①根:本源。

②躁:动。君:主宰、统治,指本源。

③终日行:整天步行。

④辎重:车辆、包裹、行李、随从人员等。荣观:荣耀壮观的场面。燕处:燕子的处所,燕窝。超然:超乎寻常。

⑤奈何:为何,为什么。万乘之主:万辆兵车的君主,指国家的最高统治者。乘:音 shèng,古代称兵车,四马一车为一乘。以身轻天下:用自己的身体消亡自己的国家。轻:减

少,指消亡。

⑥失根:失去稳定。根:根基,指稳定。失君:失去控制。君:主宰,统治,指控制。

【本章逐句解读】

①重是轻的本源,(重与轻同处一道。)

②静是动的本源。(静与动同处一道。)

③因此,圣人整天步行。(道是本,道是无为。)

④不离辎重,虽然有荣耀壮观的场面,像燕窝一样地超乎寻常。(有为。)

⑤为什么拥有万辆兵车的君主,要用自己的身体消亡自己的国家呢!(有为。)

⑥轻就会失去稳定,动就会失去控制。(轻则失道,动则失道。)

【本章全文解读】

本章主要阐述了以下六个方面的内容:

①重是轻的本源,静是动的本源。

②道是本,道是无为。

③有为是道消亡。

④无与有同处一道,又称无与有同道,指无与有同处于

一个规律之中。

⑤有为就会失道。

⑥人之道是无而不是有。

【我的应用】

①速度越快,汽车越难于控制。
请问速度越快是什么? 速度越快是无越过度;
无越过度是什么? 无越过度是道越消亡;
道越消亡是什么? 道越消亡是汽车越难于控制。
因此,速度越快,汽车越难于控制。

②流动人口越多,百姓越难于管理。
请问流动人口越多是什么? 流动人口越多是无越过度;
无越过度是什么? 无越过度是道越消亡;
道越消亡是什么? 道越消亡是百姓越难于管理。
因此,流动人口越多,百姓越难于管理。

③走路的人有道,坐车的人失道。
请问走路的人是什么? 走路的人是无为;
无为是什么? 无为是道不消亡;
道不消亡是什么? 道不消亡是有道。
请问坐车的人是什么? 坐车的人是有为;
有为是什么? 有为是道消亡;
道消亡是什么? 道消亡是失道。
因此,走路的人有道,坐车的人失道。

④慎重的人有道,轻率的人失道。
请问慎重的人是什么?慎重的人是无为;
无为是什么?无为是道不消亡;
道不消亡是什么?道不消亡是有道。
请问轻率的人是什么?轻率的人是有为;
有为是什么?有为是道消亡;
道消亡是什么?道消亡是失道。
因此,慎重的人有道,轻率的人失道。

⑤重生的人有道,轻生的人失道。
请问重生的人是什么?重生的人是无为;
无为是什么?无为是道不消亡;
道不消亡是什么?道不消亡是有道。
请问轻生的人是什么?轻生的人是有为;
有为是什么?有为是道消亡;
道消亡是什么?道消亡是失道。
因此,重生的人有道,轻生的人失道。

⑥我之所以喜静而不喜动,是因为我有道。
请问喜静而不喜动是什么?喜静而不喜动是无为而不有为;
无为而不有为是什么?无为而不有为是道不消亡;
道不消亡是什么?道不消亡是有道。
因此,我之所以喜静而不喜动,是因为我有道。

⑦我之所以重视身体而轻视财物,是因为我有道。

请问重视身体而轻视财物是什么？重视身体而轻视财物是无为而不有为；

无为而不有为是什么？无为而不有为是道不消亡；

道不消亡是什么？道不消亡是有道。

因此,我之所以重视身体而轻视财物,是因为我有道。

⑧运动越多必定精力越少,睡眠越少必定精力越差,故有道者不处。

请问运动越多是什么？运动越多是无越过度；

无越过度是什么？无越过度是道越消亡；

道越消亡是什么？道越消亡是精力越少。

请问睡眠越少是什么？睡眠越少是无越不足；

无越不足是什么？无越不足是道越消亡；

道越消亡是什么？道越消亡是精力越差。

因此,运动越多必定精力越少,睡眠越少必定精力越差,故有道者不处。

⑨有道何须锻炼？无道不如不练。

请问有道是什么？有道是人不消亡,

人不消亡还需要锻炼吗？

请问无道不如不练是什么？无道不如不练是无不过度,

无不过度是什么？无不过度是人不消亡。

因此,有道何须锻炼？无道不如不练。

《道德经》第二十七章

①善行无辙迹,

②善言无瑕谪,

③善数不用筹策,

④善闭无关楗而不可开,

⑤善结无绳约而不可解。

⑥是以圣人常善救人,故无弃人。

⑦常善救物,故无弃物。

⑧是谓袭明。

⑨故善人者,不善人之师;

⑩不善人者,善人之资。

⑪不贵其师,不爱其资,

⑫虽智大迷,是谓要妙。

【本章重点字句解读】

①善行:善于行路。无辙迹:没有车辙的痕迹。

②善言:善于说话。无瑕谪:没有瑕疵和谴责;谪:音zhé。

③善数:善于计算。筹策:竹码子,古时计算用具,指工具。

④善闭:善于关门。关楗:关门的木闩;横的叫关,竖的叫楗,音jiàn。不可开:无人能开。

⑤善结:善于发髻。结:通髻,指盘在头顶或脑后的发结。无绳约:不用绳子捆绑。不可解:无人能解。

⑥常:规律。善救人:善于救人。无弃人:没有抛弃的人。

⑦无弃物:没有抛弃的物。

⑧袭:沿袭,指自然。明:聪明。

⑨善人者:善于用道的人。

⑩善人之资:善于用道的人的反面教材。资:资料,材料,指反面教材。

⑪不贵:不尊敬。贵:指尊敬。不爱其资:不爱惜自己的天资。

⑫虽智:即使再聪明。迷:分辨不清,失去了辨别、判断的能力,指糊涂。要妙:重要的好方法。要:重要的。妙:妙法,指好方法。

【本章逐句解读】

①善于行路的人没有车辙的痕迹,(无为。)

②善于说话的人没有瑕疵和谴责,(无为。)

③善于计算的人不用工具,(无为。)

④善于关门的人不用门闩却无人能开,(无为。)

⑤善于发髻的人不用绳子捆绑却无人能解。(无为。)

⑥因此,圣人的规律是,善于救人,而没有要抛弃的人。(无为。)

⑦圣人的规律是,善于救物,而没有要抛弃的物质。(无为。)

⑧这就是自然的聪明。

⑨所以,善于用道的人是不善于用道的人的老师;(无为。)

⑩不善于用道的人是善于用道的人的反面教材。(无为。)

⑪不尊敬自己的老师,不爱惜自己的天资,(有为。)

⑫即使再聪明也是个大糊涂,这就是修道的重要的好方法。

【本章全文解读】

本章主要阐述了以下五个方面的内容：

①有道的人无为，无道的人有为。

②无为是道。

③圣人的规律是无为。

④一个修道的重要的方法。

⑤人之道是无而不是有。

【我的应用】

①聪明有两种，一种对人有益，一种对人有害。
请问聪明是什么？聪明是无和有；
有无的聪明是什么？有无的聪明是人发展；
人发展是什么？人发展是对人有益。
没有无的聪明是什么？没有无的聪明是人消亡；
人消亡是什么？人消亡是对人有害。
因此，聪明有两种，一种对人有益，一种对人有害。

②圣人以无为聪明，世人以有为聪明。
请问以无为聪明是什么？以无为聪明是无为，
无为是什么？无为是道不消亡；
道不消亡是什么？道不消亡是圣人。
请问以有为聪明是什么？以有为聪明是有为，

有为是什么？有为是道消亡；

道消亡是什么？道消亡是世人。

因此，圣人以无为聪明，世人以有为聪明。

③做人要先做事，先有无为的事情，后有得道的人。

请问做人是什么？做人是无为；

无为是什么？无为是人不消亡；

人不消亡是什么？人不消亡是得道。

因此，做人要先做事，先有无为的事情，后有得道的人。

④善于治病的医生不用药，善于开车的司机不违规，凡同于此者皆为有道。

请问善于治病的医生不用药、善于开车的司机不违规是什么？

善于治病的医生不用药、善于开车的司机不违规是道不有为；

道不有为是什么？道不有为是人不消亡；

人不消亡是什么？人不消亡是有道。

因此，善于治病的医生不用药，善于开车的司机不违规，凡同于此者皆为有道。

⑤善于做菜的厨师不调味，善于种地的农民不施肥，凡同于此者皆为有道。

请问善于做菜的厨师不调味、善于种地的农民不施肥是什么？

善于做菜的厨师不调味、善于种地的农民不施肥是道不有为；

道不有为是什么？道不有为是人不消亡；

人不消亡是什么？人不消亡是有道。

因此,善于做菜的厨师不调味,善于种地的农民不施肥,凡同于此者皆为有道。

⑥善于滑雪的人不摔跤,善于游泳的人不呛水,凡同于此者皆为有道。

请问善于滑雪的人不摔跤、善于游泳的人不呛水是什么？

善于滑雪的人不摔跤、善于游泳的人不呛水是道不有为；

道不有为是什么？道不有为是人不消亡；

人不消亡是什么？人不消亡是有道。

因此,善于滑雪的人不摔跤,善于游泳的人不呛水,凡同于此者皆为有道。

⑦善于削水果的人不伤手,善于养生的人不生病,凡同于此者皆为有道。

请问善于削水果的人不伤手、善于养生的人不生病是什么？

善于削水果的人不伤手、善于养生的人不生病是道不有为；

道不有为是什么？道不有为是人不消亡；

人不消亡是什么？人不消亡是有道。

因此,善于削水果的人不伤手,善于养生的人不生病,凡同于此者皆为有道。

⑧有道的人是无道的人的老师,无道的人是有道的人反面教材,凡同于此者皆为有道。

请问有道的人是无道的人的老师、无道的人是有道的人反面教材是什么?

有道的人是无道的人的老师、无道的人是有道的人反面教材是无为;

无为是什么?无为是道不消亡;

道不消亡是什么?道不消亡是有道。

因此,有道的人是无道的人的老师,无道的人是有道的人反面教材,凡同于此者皆为有道。

⑨救天地,救万物,救他人,本无区别;伤天地,伤万物,伤他人,都是不道。

请问救天地、救万物、救他人是什么?救天地、救万物、救他人是拯救道;

拯救道是什么?拯救道是本无区别。

请问伤天地、伤万物、伤他人是什么?伤天地、伤万物、伤他人是伤害道;

伤害道是什么?伤害道是都是不道。

因此,救天地,救万物,救他人,本无区别;伤天地,伤万物,伤他人,都是不道。

《道德经》第二十八章

①知其雄,守其雌,为天下溪。

②为天下溪,常德不离,复归于婴儿。

③知其白,守其黑,为天下式。

④为天下式,常德不忒,复归于无极。

⑤知其荣,守其辱,为天下谷。

⑥为天下谷,常德乃足,复归于朴。

⑦朴散则为器,圣人用之,则为官长。

⑧故大智不割。

【本章重点字句解读】

①雄:指强大。雌:指弱小。溪:山间的小股水流,小溪水。

②常德:永远的修道。婴儿:指无的状态。

③为天下式:作天下的反面样板。式:样式,指反面样板。

④忒:音 tè,差错。无极:最无的状态。

⑤谷:两山之间狭窄低凹的夹道,小山谷。

⑥足:增益,指不断地进步。朴:本质,本性,指无的状态。

⑦朴散则为器:树的本性丧失被做成木器,指无是为了有。朴散:树的本性丧失。官长:官吏,领导。

⑧大智:大的智慧。不割:不能分割。

【本章逐句解读】

①知道强大的好处,反而守住弱小的位置,做天下的小溪水。(强与弱同一,弱小是道。)

②做天下的小溪水,就能永远地修道不离去,重新返回无的状态。(无为。)

③知道洁白的好处,反而守住黑暗的位置,做天下的反面样板。(洁白与黑暗同一,黑暗是道。)

④做天下的反面样板,就能永远地修道不出差错,重新返回最无的状态。(无为。)

⑤知道荣耀的好处,反而守住羞辱的位置,做天下的小山谷。(荣耀与羞辱同一,羞辱是道。)

⑥做天下的小山谷,就能永远地修道有增益,重新返回无的状态。(无为。)

⑦无是为了有,圣人使用它们,则成为了领导。

⑧因此，大的智慧是无与有不能分割。

【本章全文解读】

本章主要阐述了以下六个方面的内容：

①守住无的位置是为了能够永远执著地修道。

②修道的目的是让自己重新返回到无的状态。

③无是为了有，无是为了有不消亡。

④大的智慧是无和有不能分割。

⑤同一的概念：指无与有既同处于一个物质，又同处于一个规律之中。

⑥人之道是无而不是有。

【我的应用】

①本与表一体，无与有一道，凡同于此者皆为有道。

请问本与表一体、无与有一道是什么？本与表一体、无与有一道是无为；

无为是什么？无为是人不消亡；

人不消亡是什么？人不消亡是有道。

因此，本与表一体，无与有一道，凡同于此者皆为有道。

②身体沉重是因为背负的东西太多，工作繁忙是因为想要的东西太多。

请问身体沉重是什么？身体沉重是无过度；

无过度是什么？无过度是背负的东西太多。

请问工作繁忙是什么？工作繁忙是无过度；

无过度是什么？无过度是想要的东西太多。

因此，身体沉重是因为背负的东西太多，工作繁忙是因为想要的东西太多。

③贫穷是因为想要的多，富有是因为想要的少。

请问想要的多是什么？想要的多是无过度；

无过度是什么？无过度是不道；

不道是什么？不道是贫穷。

请问想要的少是什么？想要的少是无不过度；

无不过度是什么？无不过度是道不消亡；

道不消亡是什么？道不消亡是富有。

因此，贫穷是因为想要的多，富有是因为想要的少。

④杰出的人才越多，社会越不和谐，国家越不安定。

请问杰出的人才越多是什么？杰出的人才越多是有为越多；

有为越多是什么？有为越多是不道越多；

不道越多是什么？不道越多是社会越不和谐，国家越不安定。

因此，杰出的人才越多，社会越不和谐，国家越不安定。

⑤古玩字画、奇珍异宝越多，社会越不和谐，国家越不安定。

请问古玩字画、奇珍异宝越多是什么？古玩字画、奇珍异宝越多是有为越多；

有为越多是什么？有为越多是不道越多；

不道越多是什么？不道越多是社会越不和谐，国家越不安定。

因此，古玩字画、奇珍异宝越多，社会越不和谐，国家越不安定。

⑥引起人欲望的事物越多，社会越不和谐，国家越不安定。

请问引起人欲望的事物越多是什么？引起人欲望的事物越多是有为越多；

有为越多是什么？有为越多是不道越多；

不道越多是什么？不道越多是社会越不和谐，国家越不安定。

因此，引起人欲望的事物越多，社会越不和谐，国家越不安定。

⑦修道，就不会有灾祸和疾病，就不会有痛苦和眼泪，就不会有贫穷和假货。

请问不会有灾祸和疾病、不会有痛苦和眼泪、不会有贫穷和假货是什么？

不会有灾祸和疾病、不会有痛苦和眼泪、不会有贫穷和假货是道不消亡；

道不消亡是什么？道不消亡是无为；

无为是什么？无为是修道。

因此，修道，就不会有灾祸和疾病，就不会有痛苦和眼泪，就不会有贫穷和假货。

⑧修道，就不会有暴力和色情，就不会有贪污和腐败，就不会有毒品和犯罪。

请问不会有暴力和色情、不会有贪污和腐败、不会有毒品和犯罪是什么？

不会有暴力和色情、不会有贪污和腐败、不会有毒品和犯罪是道不消亡；

道不消亡是什么？道不消亡是无为；

无为是什么？无为是修道。

因此，修道，就不会有暴力和色情，就不会有贪污和腐败，就不会有毒品和犯罪。

⑨修道，就不会有矛盾和争斗，就不会有侵略和战争，就不会有不道的事物产生。

请问不会有矛盾和争斗、不会有侵略和战争、不会有不道的事物产生是什么？

不会有矛盾和争斗、不会有侵略和战争、不会有不道的事物产生是道不消亡；

道不消亡是什么？道不消亡是无为；

无为是什么？无为是修道。

因此，修道，就不会有矛盾和争斗，就不会有侵略和战争，就不会有不道的事物产生。

《道德经》第二十九章

①将欲取天下而为之,吾见其不得已。

②天下神器,不可为也,不可执也。

③为者败之,执者失之。

④故物,或行或随,

⑤或嘘或吹,

⑥或强或羸,

⑦或载或隳。

⑧是以圣人去甚,去奢,去泰。

【本章重点字句解读】

①取:夺取。吾见:我看。不得已:无法得逞。

②神:古代传说中的天神,是天地万物的创造者和主宰者,这里指道。器:用具的总称,代指万物。不可为:不可以被改变。不可执:不可以被执有。

③为者败之:改变世界的人他必定要失败。执者失之:执有世界的人他必定要失去。

④物:万物。行:走,在前面走,指发展很快。随:跟着,在后面跟着,指发展很慢。

⑤嘘:慢慢地吐气,指生命力极弱。吹:合拢嘴唇用力出气,指生命力极强。

⑥强:强大。羸:音léi,瘦弱,指弱小。

⑦载:开始。隳:音huī,毁坏,指消亡。

⑧甚:指最快。奢:过分,指过度。泰:指最大。

【本章逐句解读】

①将要夺取世界而攫为己有,我看他是无法得逞的。(有为的人必定失败。)

②世界是由道主宰的万物,是不可以被改变的,是不可以被执有的。(道不有为。)

③改变世界的人他必定要失败,执有世界的人他必定要失去。(有为的人必定失败。)

④所以,万物有的发展很快,有的发展很慢,

⑤有的生命力极弱,有的生命力极强,

⑥有的强大,有的弱小,

⑦有的刚刚开始,有的已经消亡。

⑧因此,圣人总是去掉最快的,去掉过度的,去掉最大的。(道者无为。)

【本章全文解读】

本章主要阐述了以下六个方面的内容:

①世界是由道主宰的万物,是不以人的意志为转移的。

②世界是不可以被改变的,是不可以被执有的。

③改变世界的人他必定要失败,执有世界的人他必定要失去。

④有是物质的特殊规律。

⑤圣人恪守万物之道。

⑥天地、万物、人类皆归属于道,皆听命于道。

【我的应用】

①万物是不可以被改变、不可以被执有的;改变万物的人他必定要失败,执有万物的人他必定要失去。

请问万物不被改变、不被执有是什么?万物不被改变、不被执有是无不过度;

无不过度是什么?无不过度是道不消亡;

道不消亡是什么?道不消亡是有道。

因此,万物是不可以被改变、不可以被执有的。

请问改变万物的人、执有万物的人是什么?改变万物的人、执有万物的人是无过度;

无过度是什么?无过度是不道;

不道是什么？不道是他必定要失败，是他必定要失去。

因此，改变万物的人他必定要失败，执有万物的人他必定要失去。

②树木是不可以被砍伐的，河流是不可以被污染的，动物是不可以被宰杀的，矿藏是不可以被开采的。

请问树木不被砍伐、河流不被污染、动物不被宰杀、矿藏不被开采是什么？

树木不被砍伐、河流不被污染、动物不被宰杀、矿藏不被开采是无不过度；

无不过度是什么？无不过度是道不消亡；

道不消亡是什么？道不消亡是有道。

因此，树木是不可以被砍伐的，河流是不可以被污染的，动物是不可以被宰杀的，矿藏是不可以被开采的。

③人是独立的，是不可以被侵犯、不可以被强迫、不可以被控制、不可以被改变的。

请问人是什么？人是无与有；

无与有是什么？无与有是道；

道是什么？道是各不相扰；

各不相扰是什么？各不相扰是独立。

请问人被侵犯、被强迫、被控制、被改变是什么？人被侵犯、被强迫、被控制、被改变是有为；

有为是什么？有为是道消亡；

道消亡是什么？道消亡是不道。

因此，人是独立的，是不可以被侵犯、不可以被强迫、不可以被控制、不可以被改变的。

④地球是自然的，是不可以被毁坏、不可以被改造、不可以被战胜的。

请问地球是什么？地球是无与有；

无与有是什么？无与有是道；

道是什么？道是自然。

请问地球被毁坏、被改造、被战胜是什么？地球被毁坏、被改造、被战胜是无过度；

无过度是什么？无过度是道消亡；

道消亡是什么？道消亡是不道。

因此，地球是自然的，是不可以被毁坏、不可以被改造、不可以被战胜的。

⑤土地是不可以被开发的，历史是不可以被演绎的，事情是不可以被造假的。

请问土地被开发、历史被演绎、事情被造假是什么？

土地被开发、历史被演绎、事情被造假是无过度；

无过度是什么？无过度是道消亡；

道消亡是什么？道消亡是不道。

因此，土地是不可以被开发的，历史是不可以被演绎的，事情是不可以被造假的。

⑥要统治世界的人，要强迫别人的人，他必定要失败！

请问要统治世界的人、要强迫别人的人是什么？要统治世界的人、要强迫别人的人是有为；

有为是什么？有为是道消亡；

道消亡是什么？道消亡是不道；

不道是什么？不道是失败。

因此，要统治世界的人，要强迫别人的人，他必定要失败！

⑦要教育别人的人，要改变别人的人，他必定要失败！

请问要教育别人的人，要改变别人的人是什么？

要教育别人的人，要改变别人的人是有为；

有为是什么？有为是道消亡；

道消亡是什么？道消亡是不道；

不道是什么？不道是失败。

因此，要教育别人的人，要改变别人的人，他必定要失败！

⑧有是物质的特殊规律。

请问有是什么？有是从有到无；

从有到无是什么？从有到无是变化；

变化是什么？变化是各有不同；

各有不同是什么？各有不同是物质的特殊规律。

因此，有是物质的特殊规律。

⑨一人一道，一物一道，一事一道，道各有不同。

请问一人一道、一物一道、一事一道是什么？

一人一道、一物一道、一事一道是一个物质一个规律；

一个物质一个规律是什么?一个物质一个规律是有都不一样;

有都不一样是什么?有都不一样是每一个物质都有自己的特殊规律;

每一个物质都有自己的特殊规律是什么?每一个物质都有自己的特殊规律是道各有不同。

因此,一人一道,一物一道,一事一道,道各有不同。

《道德经》第三十章

①以道佐人主者,不以兵强天下。其事好还。

②师之所处,荆棘生焉。

③大军之后,必有凶年。

④故善者果而已,不以强取。

⑤果而勿矜,果而勿伐,果而勿骄,果而不得已,果而勿强。

⑥物壮则老,是谓不道,不道早已。

【本章重点字句解读】

①以道佐人主者:用道辅佐君主的人。兵:武力。强:强行。好还:容易遭到报应。好:容易。还:偿还,指报应。

②师:军队。荆棘:山野丛生的带刺小灌木。

③军:攻杀,指战役。凶年:荒年,指农作物收成很差或没有收成的年头。

④善者:善于道的人。果:凡事与预期相合的称果,这里指实现、成功。强取:用强行的方法取得。

⑤矜：自大。伐：自夸。骄：自满。不得已：不得不如此。强：逞强。

⑥壮：强盛。老：衰老，指消亡。

【本章逐句解读】

①用道辅佐君主的人，不用武力强行管理天下。这种事情是容易遭到报应的。

②军队所到的地方，荆棘就会生长出来。（有为是有消亡。）

③大的战役过去以后，必定会出现荒年。（有为是有消亡。）

④因此，善于道的人的成功，是不用强行的方法取得的。（道不有为。）

⑤成功了不自大，成功了不自夸，成功了不自满，成功了是不得不如此，成功了不逞强。

⑥物质强盛到极限就会走向消亡，这叫做不道，不道很早就已经开始走向消亡了。

【本章全文解读】

本章主要阐述了以下六个方面的内容：
①有道的人是不用有达成自己的目标的。
②有为是有消亡。

○第三十章

③道不有为。

④有是不得已而为之。

⑤有过度是不道。

⑥人之道是无而不是有。

【我的应用】

①成功有两种,一种对人有益,一种对人有害。
请问成功是什么？成功是无和有；
有道的成功是什么？有道的成功是无为；
无为是什么？无为是道发展；
道发展是什么？道发展是对人有益。
不道的成功是什么？不道的成功是有为；
有为是什么？有为是道消亡；
道消亡是什么？道消亡是对人有害。
因此,成功有两种,一种对人有益,一种对人有害。
有道是:圣人以无为成功,世人以有为成功。

②目标有两种,一种对人有益,一种对人有害。
请问目标是什么？目标是无和有；
有道的目标是什么？有道的目标是无为；
无为是什么？无为是道发展；
道发展是什么？道发展是对人有益。
不道的目标是什么？不道的目标是有为；
有为是什么？有为是道消亡；

道消亡是什么？道消亡是对人有害。

因此，目标有两种，一种对人有益，一种对人有害。

有道是：圣人以无为目标，世人以有为目标。

③有是不得已而为之，凡同于此者皆为有道。

请问有是不得已而为之是什么？有是不得已而为之是道不消亡；

道不消亡是什么？道不消亡是无为；

无为是什么？无为是有道。

因此，有是不得已而为之，凡同于此者皆为有道。

④用有达成自己的目标不是道，用有是达不到无的目标的。

请问用有达成自己的目标是什么？用有达成自己的目标是有为；

有为是什么？有为是道消亡；

道消亡是什么？道消亡是不道。

请问用有达成无的目标是什么？用有达成无的目标是有为；

有为是什么？有为是不道；

不道是什么？不道是失败。

因此，用有达成自己的目标不是道，用有是达不到无的目标的。

⑤用武力是达不到世界和平之目的的。

请问用武力达到世界和平之目的是什么？用武力达到

世界和平之目的是有为；

有为是什么？有为是不道；

不道是什么？不道是失败。

因此，用武力是达不到世界和平之目的的。

⑥用有管理国家是不会有好结果的。

请问用有管理国家是什么？用有管理国家是有为；

有为是什么？有为是道消亡；

道消亡是什么？道消亡是国家处于消亡之中。

因此，用有管理国家是不会有好结果的。

⑦管理国家的实质是让每一个人都成为有道德的人。

请问管理国家的实质是什么？管理国家的实质是人不消亡；

人不消亡是什么？人不消亡是无为；

无为是什么？无为是让每一个人都成为有道德的人。

因此，管理国家的实质是让每一个人都成为有道德的人。

⑧怎样才能建立一个和谐的社会？怎样才能得到一个太平的世界？

请问和谐的社会、太平的世界是什么？和谐的社会、太平的世界是人不消亡；

人不消亡是什么？人不消亡是无为；

无为是什么？无为是让每一个人都有道。

因此，建立一个和谐的社会，得到一个太平的世界，是让每一个人都有道。

⑨不道的人,从婴幼儿时期就注定了他必定减寿。
请问不道的人是什么?不道的人是有为;
有为是什么?有为是道消亡;
道消亡是什么?道消亡是人减寿;
减寿从什么时间开始?减寿从不道的时间开始;
不道的时间是什么?不道的时间是婴幼儿时期。
因此,不道的人,从婴幼儿时期就注定了他必定减寿。

《道德经》第三十一章

①夫兵者,不祥之器,物或恶之,故有道者不处,

②不得已而用之,恬淡为上。

③胜而不美,

④而美之者,是乐杀人,

⑤夫乐杀人者,则不可得志于天下矣。

⑥君子居则贵左,用兵则贵右,

⑦吉事尚左,凶事尚右,

⑧偏将军居左,上将军居右,

⑨言以丧礼处之。

⑩杀人之众,以悲哀泣之。

⑪战胜以丧礼处之。

【本章重点字句解读】

①兵:兵器,武器。物或恶之:物质不道它伤害人。不处:不使用。

②恬淡:恬静淡泊。为上:为最好。

③胜而不美:胜了也不要高兴。

④美之者:高兴的人。是乐杀人:是以杀人为快乐的人。

⑤夫:那些。则不可得志于天下矣:是不可能实现得到天下的志愿的。得志:实现志愿。

⑥君子:指有道的人,非儒家君子。贵左:以左为道,古人以左为阳,右为阴,阳生而阴杀。用兵:使用兵力。贵右:以右为道。

⑦尚左:以左为道。凶事:凶险的事情。尚右:以右为道。

⑧偏将军:副帅。居左:站在左边,指以左为道。上将军:作战时军中的主帅。居右:以右为道。

⑨以丧礼:用丧事的礼仪。处之:处理打仗的事情。

⑩以悲哀泣之:要用悲哀的眼泪悼念他们。

⑪战胜:战斗胜利。处之:悼念他们。

【本章逐句解读】

①兵器是不吉利的器具,物质不道它伤害人,所以有道的人不使用它,(道不有为,避免了不道。)

②不得已而使用它,要用恬静淡泊的心态来处理为最好。(用无去中和有,避免了不道。)

③胜了也不要高兴,(用无去中和有,避免了不道。)

④高兴的人,是以杀人为快乐的人,(用有去处理有是不道。)

⑤那些以杀人为快乐的人,是不可能实现得到天下的志愿的。(不道的人必定失败。)

⑥君子居住以左为道,用兵以右为道,(道者无为。)

⑦吉利的事情以左为道,凶险的事情以右为道,(道者无为。)

⑧副帅以左为道,主帅以右为道,(道者无为。)

⑨这就是说,要用丧事的礼仪处理打仗的事情。(用无去中和有,避免了不道。)

⑩杀死的人太多,要用悲哀的眼泪悼念他们。(用无去中和有,避免了不道。)

⑪战斗胜利了,要用丧事的礼仪悼念他们。(用无去中和有,避免了不道。)

【本章全文解读】

本章通过道的应用举例,主要阐述了以下五个方面的内容:

①道不有为,道者无为。

②用无去中和有是有道。

③用有去处理有是不道。

④不道的人他必定失败。

⑤人之道是无而不是有。

【我的应用】

①宁可人骂我,我绝不骂人,凡同于此者皆为有道。

请问宁可人骂我,我绝不骂人是什么?宁可人骂我,我绝不骂人是用无去中和有;

用无去中和有是什么?用无去中和有是无为;

无为是什么?无为是道不消亡;

道不消亡是什么?道不消亡是有道。

因此,宁可人骂我,我绝不骂人,凡同于此者皆为有道。

②宁可人骗我,我绝不骗人,凡同于此者皆为有道。

请问宁可人骗我,我绝不骗人是什么?宁可人骗我,我绝不骗人是用无去中和有;

用无去中和有是什么?用无去中和有是无为;

无为是什么?无为是道不消亡;

道不消亡是什么?道不消亡是有道。

因此,宁可人骗我,我绝不骗人,凡同于此者皆为有道。

③宁可人负我,我绝不负人,凡同于此者皆为有道。

请问宁可人负我,我绝不负人是什么?宁可人负我,我绝不负人是用无去中和有;

用无去中和有是什么?用无去中和有是无为;

无为是什么?无为是道不消亡;

道不消亡是什么？道不消亡是有道。

因此，宁可人负我，我绝不负人，凡同于此者皆为有道。

④开车要谨慎，旅游要小心，凡同于此者皆为有道。

请问开车要谨慎、旅游要小心是什么？开车要谨慎、旅游要小心是用无去中和有；

用无去中和有是什么？用无去中和有是无为；

无为是什么？无为是道不消亡；

道不消亡是什么？道不消亡是有道。

因此，开车要谨慎，旅游要小心，凡同于此者皆为有道。

⑤以怨报怨，以暴制暴不是道，故有道者不处。

请问以怨报怨、以暴制暴是什么？以怨报怨、以暴制暴是用有去处理有；

用有去处理有是什么？用有去处理有是有为；

有为是什么？有为是道消亡；

道消亡是什么？道消亡是不道。

因此，以怨报怨、以暴制暴不是道，故有道者不处。

⑥道不同，圣人不与为谋。

请问道不同，圣人不与为谋是什么？道不同，圣人不与为谋是道不有为；

道不有为是什么？道不有为是人不消亡；

人不消亡是什么？人不消亡是有无；

有无是什么？有无是守道。

因此，道不同，圣人不与为谋。

⑦不付出就不会有回报,不失去就不会有得到。

请问不付出就不会有回报、不失去就不会有得到是什么?

不付出就不会有回报、不失去就不会有得到是自然;

自然是什么? 自然是道;

道是什么? 道是规律。

因此,不付出就不会有回报,不失去就不会有得到。

⑧天地万物以自然为道,圣人以无为为道。

请问天地万物是什么? 天地万物是自然;

自然是什么? 自然是道。

请问圣人是什么? 圣人是无为;

无为是什么? 无为是道。

因此,天地万物以自然为道,圣人以无为为道。

⑨被保护的永远是无,被惩罚的永远是有。

请问被保护的永远是无、被惩罚的永远是有是什么?

被保护的永远是无、被惩罚的永远是有是自然;

自然是什么? 自然是道;

道是什么? 道是规律。

因此,被保护的永远是无,被惩罚的永远是有。

《道德经》第三十二章

①道常无,名朴,虽小,天下莫能臣。

②侯王若能守之,万物将自宾。

③天地相合,以降甘露;

④民莫之令而自均。

⑤始制有名,名亦既有,夫亦将知止,

⑥知止可以不殆。

⑦譬道之在天下,犹川谷之于江海。

【本章重点字句解读】

①朴:质朴。虽小:虽然渺小。莫能臣:没有任何事物能使它臣服。

②侯王:指诸侯和国王。自宾:自己归顺。宾:归顺。

③甘露:甜美的雨水。露:指雨水。

④民莫之令:百姓没有命令它们。自均:自己就会分布均匀。

⑤始制有名:开始的时候给道规定了有这个名字。始:

开始。制:规定。有名:有这个名字。名亦既有:名字既然是有。

⑥知止:知道适可而止。不殆:不发生危险。

⑦譬:譬如。道之在天下:道存在于天地万物之中。

【本章逐句解读】

①道的规律是无,名字很质朴,虽然渺小,天下却没有任何事物能使它臣服。

②侯王如果能够遵守它,万物将自己归顺。

③天地之气会合在一起,就会降下甜美的雨水;(道就是自然。)

④百姓没有命令而它们自己就会分布均匀。(道就是自然。)

⑤开始的时候给道规定了有这个名字,名字既然是有,那么也要知道适可而止,

⑥知道适可而止,可以不发生危险。

⑦譬如道存在于天地万物之中,就如同河流都要汇入江海一样的自然。

【本章全文解读】

本章主要阐述了以下九个方面的内容:

①道的规律是无。

②道是独立且不可以被改变的。

③人类如果能够守道,万物就全部归附于人类了。

④道就是自然。

⑤有是道的存在方式。

⑥有要适可而止。

⑦无为就不会有危险,无为就不会受到伤害。

⑧无是物质的普遍规律。

⑨天地、万物、人类皆归属于道,皆听命于道。

【我的应用】

①有要适可而止,凡同于此者皆为有道。

请问有要适可而止是什么? 有要适可而止是无不过度;

无不过度是什么? 无不过度是道不消亡;

道不消亡是什么? 道不消亡是有道。

因此,有要适可而止,凡同于此者皆为有道。

②为什么我没有朋友? 为什么我没有嗜好?

请问我没有朋友、没有嗜好是什么? 我没有朋友、没有嗜好是无不过度;

无不过度是什么? 无不过度是道不消亡;

道不消亡是什么? 道不消亡是有道。

因此,我没有朋友,没有嗜好,是因为我有道。

③为什么乐极生悲?为什么物极必反?

请问乐极生悲、物极必反是什么?乐极生悲、物极必反是无过度道消亡;

无过度道消亡是什么?无过度道消亡是自然;

自然是什么?自然是道;

道是什么?道是规律。

因此,乐极生悲,物极必反。

④为什么儿大不由娘、女大不由爹?为什么家财万贯富不过三代?

请问儿大不由娘、女大不由爹是什么?儿大不由娘、女大不由爹是自然;

自然是什么?自然是道;

道是什么?道是规律。

因此,儿大不由娘、女大不由爹。

请问家财万贯富不过三代是什么?家财万贯富不过三代是有总要回到无的状态;

有总要回到无的状态是什么?有总要回到无的状态是自然;

自然是什么?自然是道;

道是什么?道是规律。

因此,家财万贯富不过三代。

⑤该发生的自然会发生,不该发生的自然不会发生。

请问该发生的自然会发生、不该发生的自然不会发生是什么?

该发生的自然会发生、不该发生的自然不会发生是自然;

自然是什么? 自然是道;

道是什么? 道是规律。

因此,该发生的自然会发生,不该发生的自然不会发生。

⑥过多的金钱、过度的物质不是道,故有道者不处。

请问过多的金钱、过度的物质是什么?

过多的金钱、过度的物质是无过度;

无过度是什么? 无过度是道消亡;

道消亡是什么? 道消亡是不道。

因此,过多的金钱、过度的物质不是道。

下面将部分过度的物质举例如下,仅供参考:

汽车一过度,飞机二过度;

火车三过度,轮船四过度;

空调五过度,冰箱六过度;

电脑七过度,电话八过度;

炸药九过度,枪支十过度。

⑦事情越多越容易出错,人口越多国家越难于管理。

请问事情越多、人口越多是什么?

事情越多、人口越多是无越过度;

无越过度是什么? 无越过度是道越消亡;

道越消亡是什么？道越消亡是事情越容易出错，是国家越难于管理。

因此，事情越多越容易出错，人口越多国家越难于管理。

⑧多多益善不是道，故有道者不处。

请问多多益善是什么？多多益善是有追求极致；

有追求极致是什么？有追求极致是无过度；

无过度是什么？无过度是道消亡；

道消亡是什么？道消亡是不道。

因此，多多益善不是道，故有道者不处。

⑨无是物质的普遍规律。

请问无是什么？无是道；

道是什么？道是物质从无到有、从有到无的变化；

物质从无到有、从有到无的变化是什么？

物质从无到有、从有到无的变化是物质的普遍规律。

因此，无是物质的普遍规律。

《道德经》第三十三章

①知人者智,

②自知者明。

③胜人者有力,

④自胜者强。

⑤知足者富,

⑥强行者有志。

⑦不失其所者久,

⑧死而不亡者寿。

【本章重点字句解读】

①知人者:了解别人的人。智:聪明,指不道。

②自知者:了解自己的人。明:明白,指有道。

③胜人者:战胜别人的人。有力:指不道。

④自胜者:战胜自己的人。强:指有道。

⑤知足者:知道满足的人。富:指有道。

⑥强行:强迫自己做事情。有志:有志向,指有道。

⑦不失其所者:不失掉自己的本性的人。其所:自己的处所,指自己的本性。

⑧死而不亡者:身体已死而思想不死的人。寿:长久,指有道。

【本章逐句解读】

①了解别人的人是不道,

②了解自己的人是有道。

③战胜别人的人是不道,

④战胜自己的人是有道。

⑤知道满足的人是有道,

⑥强迫自己做事情的人是有道。

⑦不失掉自己本性的人是有道,

⑧身体已死而思想不死的人是有道。

【本章全文解读】

本章通篇都是道的应用举例,下面逐一加以说明:
①了解别人的人是有为,故为不道。

②了解自己的人是无为,故为有道。

③战胜别人的人是有为,故为不道。

④战胜自己的人是无为,故为有道。

⑤知道满足的人是无为,故为有道。

⑥强迫自己做事情的人是无为,故为有道。

⑦不失掉自己本性的人是无为,故为有道。

⑧身体已死而思想不死人是无为,故为有道。

⑨人之道是无而不是有。

【我的应用】

①不道的事情不如不知,有道的事情不如多知,凡同于此者皆为有道。

请问不道的事情不如不知,有道的事情不如多知是什么?

不道的事情不如不知,有道的事情不如多知是无为;

无为是什么?无为是道发展;

道发展是什么?道发展是有道。

因此,不道的事情不如不知,有道的事情不如多知,凡同于此者皆为有道。

②取胜的方法有两种,一种是有道,一种是不道。

请问取胜的方法是什么?取胜的方法是无为和有为;

无为是什么?无为是有道;

有为是什么?有为是不道。

因此,取胜的方法有两种,一种是有道,一种是不道。

③用无取胜可以战胜任何强大的对手,用有取胜只能战胜弱于自己的对手。

请问用无取胜是什么？用无取胜是无为；

无为是什么？无为是道不消亡；

道不消亡是什么？道不消亡是可以战胜任何强大的对手。

请问用有取胜是什么？用有取胜是有为；

有为是什么？有为是道消亡；

道消亡什么？道消亡是只能战胜弱于自己的对手。

因此,用无取胜可以战胜任何强大的对手,用有取胜只能战胜弱于自己的对手。

④最不可战胜的人必定是有道的人。

请问最不可战胜的人是什么？最不可战胜的人是道最大；

道最大是什么？道最大是无为；

无为是什么？无为是有道。

因此,最不可战胜的人必定是有道的人。

⑤最有能力的人必定是有道的人。

请问最有能力的人是什么？最有能力的人是道最大；

道最大是什么？道最大是无为；

无为是什么？无为是有道。

因此,最有能力的人必定是有道的人。

⑥最成功的人必定是有道的人。

请问最成功的人是什么？最成功的人是道最大；

道最大是什么？道最大是无为；

无为是什么？无为是有道。

因此，最成功的人必定是有道的人。

⑦最好的医生必定是有道的人。

请问最好的医生是什么？最好的医生是道最大；

道最大是什么？道最大是无为；

无为是什么？无为是有道。

因此，最好的医生必定是有道的人。

⑧最好的父母必定是有道的人。

请问最好的父母是什么？最好的父母是道最大；

道最大是什么？道最大是无为；

无为是什么？无为是有道。

因此，最好的父母必定是有道的人。

⑨最好的老师、最好的领导必定是有道的人。

请问最好的老师、最好的领导是什么？最好的老师、最好的领导是道最大；

道最大是什么？道最大是无为；

无为是什么？无为是有道。

因此，最好的老师、最好的领导必定是有道的人。

《道德经》第三十四章

①大道泛兮,其可左右。

②万物恃之以生而不辞,功成而不有。

③衣被万物而不为主,可名于小。

④万物归焉而不为主,可名为大。

⑤以其终不为大,故能成其大。

【本章重点字句解读】

①泛:广泛,普遍。左右:控制。

②恃之:依靠它。不辞:不辞辛苦。功成:有了功劳和成绩。不有:不占有。

③衣被:指养育。不为主:不做万物的主宰。可名于小:可以起个名字叫做小。

④归焉:归属于它。可名为大:可以起个名字叫做大。

⑤不为大:不做最大。能成其大:才能成全它为最大。

【本章逐句解读】

①大道普遍存在于万物之中,它控制着物质的变化方

向。(无是物质的普遍规律。)

②万物依靠它生长而不辞辛苦,有了功劳和成绩而不占有。(无发展有,道不有为。)

③养育万物而不做万物的主宰,可以起个名字叫做小。(小是道的名字,道不有为。)

④万物归属于它而不做万物的主宰,可以起个名字叫做大。(大是道的名字,道不有为。)

⑤因为它始终不做最大,所以才能成全它为最大。(无为是道最大。)

【本章全文解读】

本章主要阐述了以下六个方面的内容:

①无是物质的普遍规律。

②道养育万物而自视其为小。

③万物归属于道而实际为最大。

④无发展有,道不有为。

⑤无为是道最大。

⑥天地、万物、人类皆归属于道,皆听命于道。

【我的应用】

①风从哪儿来?雨从哪儿下?雾从哪儿起?

请问风、雨、雾是什么？风、雨、雾是物质；

物质是什么？物质是有；

有从何而来？有从无而来；

无是什么？无是道。

因此，风从道来，雨从道下，雾从道起。

②是谁创造了宇宙和地球？是谁创造了万物和人类？

请问宇宙、地球、万物、人类是什么？宇宙、地球、万物、人类是物质；

物质是什么？物质是有；

有从何而来？有从无而来；

无是什么？无是道。

因此，道是物质的本源，宇宙、地球、万物、人类皆来源于道。

③没有道就没有宇宙和地球，没有道就没有万物和人类。

请问没有道是什么？没有道是有消失；

有消失是什么？有消失是物质没有；

物质没有是什么？物质没有是就没有宇宙和地球，就没有万物和人类。

因此，没有道就没有宇宙和地球，没有道就没有万物和人类。

④先有鸡，还是先有蛋？先有树，还是先有果？

请问鸡与蛋哪个是本？鸡是本；

本是什么？本是道。

请问树与果哪个是本？树是本；

本是什么？本是道。

因此，没有鸡哪里会有蛋，没有树哪里会有果！

⑤树之所以生长是因为树有道，人之所以减寿是因为人有为。

请问树生长是什么？树生长是道发展；

道发展是什么？道发展是有道。

请问人减寿是什么？人减寿是道消亡；

道消亡是什么？道消亡是有为。

因此，树之所以生长是因为树有道，人之所以减寿是因为人有为。

⑥道开始于无，道产生于无，道成长于无。

请问无开始道是什么？无开始道是道都是从无开始做起的；

道都是从无开始做起的是什么？道都是从无开始做起的是道开始于无。

请问无产生道是什么？无产生道是道都是从无产生的；

道都是从无产生的是什么？道都是从无产生的是道产生于无。

请问无成长道是什么？无成长道是道都是在无的条件下成长的；

道都是在无的条件下成长的是什么？道都是在无的条

件下成长的是道成长于无。

因此,道开始于无,道产生于无,道成长于无。

⑦重无轻有,重本轻表,凡同于此者皆为有道。

请问重无轻有、重本轻表是什么？重无轻有、重本轻表是无为；

无为是什么？无为是道不消亡；

道不消亡是什么？道不消亡是有道。

因此,重无轻有,重本轻表,凡同于此者皆为有道。

⑧动物不如不养,彩票不如不卖,创新不如不创,凡同于此者皆为有道。

请问动物不如不养、彩票不如不卖、创新不如不创是什么？

动物不如不养、彩票不如不卖、创新不如不创是无不过度；

无不过度是什么？无不过度是道不消亡；

道不消亡是什么？道不消亡是有道。

因此,动物不如不养,彩票不如不卖,创新不如不创,凡同于此者皆为有道。

⑨人离不开水土和空气,离不开五谷和阳光,离不开蔬菜和万物。

请问人离不开水土和空气、离不开五谷和阳光、离不开蔬菜和万物是什么？

人离不开水土和空气、离不开五谷和阳光、离不开蔬菜和万物是自然；

　　自然是什么？自然是道；

　　道是什么？道是规律。

　　因此，人离不开水土和空气，离不开五谷和阳光，离不开蔬菜和万物。

《道德经》第三十五章

①执大象,天下往。

②往而不害,安平泰。

③乐与饵,过客止。

④道之出口,淡乎其无味,

⑤视之不足见,

⑥听之不足闻,

⑦用之不足既。

【本章重点字句解读】

①执:持有。大象:指大道。天下往:天下的人都会向往而投奔他。

②不害:不互相伤害。安:安定。平:平等。泰:和谐。

③饵:食物的总称。过客止:过往的客人也因此停住了脚步。

④出口:从嘴里说出来。淡乎其无味:淡得没有味道。

⑤不足见:看不见。

⑥不足闻:听不到。

⑦不足既:永不枯竭。

【本章逐句解读】

①持有大道的人,天下的人都会向往而投奔他。

②投奔他又不互相伤害,安定、平等、和谐地在一起。

③他们有说有笑地分享着食物,过往的客人也因此停住了脚步。

④道从嘴里说出来,淡得没有味道,

⑤眼睛看不见它,

⑥耳朵听不到它,

⑦使用它却永不枯竭。

【本章全文解读】

本章主要阐述了以下六个方面的内容:

①人类终将归附于道。

②道和谐人类。

③道是无。

④道枯燥而且乏味。

⑤道不可视、不可听。

⑥用道永不枯竭。

【我的应用】

①谁能让人间充满善良？谁能让百姓生活幸福？
请问让人间充满善良、让百姓生活幸福是什么？
让人间充满善良、让百姓生活幸福是道不消亡；
道不消亡是什么？道不消亡是无为；
无为是什么？无为是道。
因此,道能让人间充满善良,道能让百姓生活幸福。

②谁能让国家安定团结？谁能让世界永葆和平？
请问让国家安定团结、让世界永葆和平是什么？
让国家安定团结、让世界永葆和平是道不消亡；
道不消亡是什么？道不消亡是无为；
无为是什么？无为是道。
因此,道能让国家安定团结,道能让世界永葆和平。

③不学道的人,他必定生活在水深火热之中。
请问不学道的人是什么？不学道的人是没有无；
没有无是什么？没有无是有为；
有为是什么？有为是道消亡；
道消亡是什么？道消亡是人减少、人变小、人消失；
人减少、人变小、人消失是什么？人减少、人变小、人消失是生活在水深火热之中。
因此,不学道的人,他必定生活在水深火热之中。

④得道的人生必定美满幸福,失道的人生必定痛苦不堪。

请问得道的人生是什么? 得道的人生是人不消亡;

人不消亡是什么? 人不消亡是美满幸福。

请问失道的人生是什么? 失道的人生是人消亡;

人消亡是什么? 人消亡是痛苦不堪。

因此,得道的人生必定美满幸福,失道的人生必定痛苦不堪。

⑤得道者得天下,失道者失天下。

请问得道者是什么? 得道者是无为;

无为是什么? 无为是道不消亡;

道不消亡是什么? 道不消亡是得天下。

请问失道者是什么? 失道者是有为;

有为是什么? 有为是道消亡;

道消亡是什么? 道消亡是失天下。

因此,得道者得天下,失道者失天下。

⑥得道者有助,失道者无助。

请问得道者有助,失道者无助是什么? 得道者有助,失道者无助是自然;

自然是什么? 自然是道;

道是什么? 道是规律。

因此,得道者有助,失道者无助。

⑦道可言而不可予,可知而不可见,凡同于此者皆为有

道。

请问道可言而不可予、可知而不可见是什么?

道可言而不可予、可知而不可见是无为而不有为;

无为而不有为是什么? 无为而不有为是道不消亡;

道不消亡是什么? 道不消亡是有道。

因此,道可言而不可予,可知而不可见,凡同于此者皆为有道。

有道是:道如果可以给,谁不给予自己的父母? 道如果可以见,谁不见证给自己的妻儿?

⑧道可学而不可教,可用而不可告,凡同于此者皆为有道。

请问道可学而不可教、可用而不可告是什么?

道可学而不可教、可用而不可告是无为而不有为;

无为而不有为是什么? 无为而不有为是道不消亡;

道不消亡是什么? 道不消亡是有道。

因此,道可学而不可教,可用而不可告,凡同于此者皆为有道。

有道是:道如果可以教,谁不教给自己的兄弟? 道如果可以告,谁不告诉自己的姊妹?

⑨道可修而不可违,可知而不可改,凡同于此者皆为有道。

请问道可修而不可违、可知而不可改是什么?

道可修而不可违、可知而不可改是无为而不有为;

第三十五章

无为而不有为是什么?无为而不有为是道不消亡;道不消亡是什么?道不消亡是有道。

因此,道可修而不可违,可知而不可改,凡同于此者皆为有道。

《道德经》第三十六章

①将欲歙之,必故张之。

②将欲弱之,必故强之。

③将欲废之,必故兴之。

④将欲取之,必故与之。

⑤是谓微明。

⑥柔弱胜刚强。

⑦鱼不可脱于渊,

⑧国之利器不可以示人。

【本章重点字句解读】

①歙:音 xī,吸气。故:事先。张:指呼气。

②弱:削弱。强:增强。

③废:废除。兴:兴盛。

④取:得到。与:给予。

⑤微明:道的智慧。微:小,指道。明:指智慧。

⑥柔弱:固守柔弱。

⑦脱于渊:离开水。

⑧国之利器:国家用以取胜的武器。利器:取胜的武器。

【本章逐句解读】

①想要他吸气,必须事先要他呼气。(吸气与呼气同一。)

②想要削弱它,必须事先要增强它。(削弱与增强同一。)

③想要废除它,必须事先要兴盛它。(废除与兴盛同一。)

④想要得到它,必须事先要给予它。(得到与给予同一。)

⑤这就是道的智慧。

⑥固守柔弱却能战胜刚强。(柔弱与刚强同一。)

⑦鱼不可以离开水,(鱼与水同一。)

⑧国家用以取胜的武器不可以让人知道。(取胜的武器与国家同一。)

【本章全文解读】

本章通篇都是道的应用举例,主要阐述了以下五个方面

的内容:

①无与有同一,指无与有既同处一道,又同处一物。

②道的智慧是无为。

③无为必定战胜有为。

④无与有两者不可分割。

⑤人之道是无而不是有。

【我的应用】

①有动必定有静,有劳必定有逸。

请问动与静是什么? 动与静是同道;

同道是什么? 同道是同一个物质;

同一个物质是什么? 同一个物质是不可分割。

请问劳与逸是什么? 劳与逸是同道;

同道是什么? 同道是同一个物质;

同一个物质是什么? 同一个物质是不可分割。

因此,有动必定有静,有劳必定有逸。

②有生必定有死,有得必定有失。

请问生与死是什么? 生与死是同道;

同道是什么? 同道是同一个物质;

同一个物质是什么? 同一个物质是不可分割。

请问得与失是什么? 得与失是同道;

同道是什么? 同道是同一个物质;

同一个物质是什么？同一个物质是不可分割。
因此,有生必定有死,有得必定有失。

③有赢必定有输,有成必定有败。
请问赢与输是什么？赢与输是同道；
同道是什么？同道是同一个物质；
同一个物质是什么？同一个物质是不可分割。
请问成与败是什么？成与败是同道；
同道是什么？同道是同一个物质；
同一个物质是什么？同一个物质是不可分割。
因此,有赢必定有输,有成必定有败。

④有开始必定有结束,有相聚必定有分离。
请问开始与结束是什么？开始与结束是同道；
同道是什么？同道是同一个物质；
同一个物质是什么？同一个物质是不可分割。
请问相聚与分离是什么？相聚与分离是同道；
同道是什么？同道是同一个物质；
同一个物质是什么？同一个物质是不可分割。
因此,有开始必定有结束,有相聚必定有分离。

⑤有一伸必定有一曲,有一利必定有一害。
请问伸与曲是什么？伸与曲是同道；
同道是什么？同道是同一个物质；
同一个物质是什么？同一个物质是不可分割。
请问利与害是什么？利与害是同道；

同道是什么？同道是同一个物质；

同一个物质是什么？同一个物质是不可分割。

因此,有一伸必定有一曲,有一利必定有一害。

⑥爬得越高必定跌得越深,得到得越多必定失去得越多。

请问爬得越高是什么？爬得越高是无越过度；

无越过度是什么？无越过度是道越消亡；

道越消亡是什么？道越消亡是必定跌得越深。

请问得到得越多是什么？得到得越多是无越过度；

无越过度是什么？无越过度是道越消亡；

道越消亡是什么？道越消亡是必定失去得越多。

因此,爬得越高必定跌得越深,得到得越多必定失去的越多。

⑦怕失去的终将会失去,不怕失去的反而不会失去。

请问怕失去是什么？怕失去是有为；

有为是什么？有为是道消亡；

道消亡是什么？道消亡是终将会失去。

请问不怕失去是什么？不怕失去是无为；

无为是什么？无为是道不消亡；

道不消亡是什么？道不消亡是反而不会失去。

因此,怕失去的终将会失去,不怕失去的反而不会失去。

⑧想拥有的没能够拥有,不想拥有的反而得到了。

请问想拥有是什么？想拥有是有为；

有为是什么？有为是道消亡；
道消亡是什么？道消亡是没能够拥有。
请问不想拥有是什么？不想拥有是无为；
无为是什么？无为是道不消亡；
道不消亡是什么？道不消亡是反而得到了。
因此,想拥有的没能够得到,不想拥有的反而得到了。

⑨想澄清的得不到澄清,要自由的得不到自由。
请问想澄清、要自由是什么？想澄清、要自由是有为；
有为是什么？有为是道消亡；
道消亡是什么？道消亡是不道；
不道是什么？不道是失败。
因此,想澄清的得不到澄清,要自由的得不到自有。

《道德经》第三十七章

①道常无为而无不为。

②侯王若能守之,万物将自化。

③化而欲作,吾将镇之以无名之朴。

④无名之朴,夫亦将无欲。

⑤不欲以静,天下将自定。

【本章重点字句解读】

①无不为:没有不能做好的事情。

②侯王:诸侯和国王。自化:自己改变。

③欲作:想要作为。无名之朴:无的质朴。

④无欲:没有欲望。

⑤以静:使他们有道。静:指道。自定:自己安定。

【本章逐句解读】

①道的规律是,无为就没有不能做好的事情。

②侯王如果能够遵守它,万物将会自己改变。

③改变后想要作为,我将震慑它们,用无的质朴。

④用无的质朴,它们也将会没有欲望。

⑤没有欲望就会使它们有道,天下将会自己安定。

【本章全文解读】

本章主要阐述了以下四个方面的内容:

①道的规律是,无为就没有不能做好的事情。

②侯王有道,万物就会有道。

③万物有道,天下就会安定。

④天地、万物、人类皆归属于道,皆听命于道。

【我的应用】

①无为的榜样有道,有为的榜样无道。
请问无为的榜样是什么? 无为的榜样是道发展;
道发展是什么? 道发展是有道。
请问有为的榜样是什么? 有为的榜样是道消亡;
道消亡是什么? 道消亡是无道。
因此,无为的榜样有道,有为的榜样无道。

②传播无的人有道,传播有的人无道。
请问传播无的人是什么? 传播无的人是无为;
无为是什么? 无为是道发展;
道发展是什么? 道发展是有道。

请问传播有的人是什么？传播有的人是有为；

有为是什么？有为是道消亡；

道消亡是什么？道消亡是无道。

因此，传播无的人有道，传播有的人无道。

有道是：圣人传播的是无，世人传播的是有。

③在无的环境中成长的孩子必定得道，在有的环境中成长的孩子必定失道。

请问在无的环境中成长的孩子是什么？在无的环境中成长的孩子是无为；

无为是什么？无为是道发展；

道发展是什么？道发展是得道。

请问在有的环境中成长的孩子是什么？在有的环境中成长的孩子是有为；

有为是什么？有为是道消亡；

道消亡是什么？道消亡是失道。

因此，在无的环境中成长的孩子必定得道，在有的环境中成长的孩子必定失道。

④做无得无，做有得有。

请问做无是什么？做无是无为；

无为是什么？无为是道发展；

道发展是什么？道发展是得到无的结果。

请问做有是什么？做有是有为；

有为是什么？有为是道消亡；

道消亡是什么？道消亡是得到有的结果。

因此，做无的事情就会得到无的结果，做有的事情就会得到有的结果。

⑤宣传无就会得到无，宣传有就会得到有。

请问宣传无就会得到无、宣传有就会得到有是什么？

宣传无就会得到无、宣传有就会得到有是做无得无，做有得有；

做无得无、做有得有是什么？做无得无、做有得有是自然；

自然是什么？自然是道；

道是什么？道是规律。

因此，宣传无就会得到无，宣传有就会得到有。

⑥宣传暴力就会得到暴力，宣传色情就会得到色情。

请问宣传暴力就会得到暴力、宣传色情就会得到色情是什么？

宣传暴力就会得到暴力、宣传色情就会得到色情是做有得有；

做有得有是什么？做有得有是自然；

自然是什么？自然是道；

道是什么？道是规律。

因此，宣传暴力就会得到暴力，宣传色情就会得到色情。

⑦领导有道百姓就会有道，百姓有道万物就会有道，万物有道地球就会有道。

请问领导有道百姓就会有道,百姓有道万物就会有道,万物有道地球就会有道是什么?

领导有道百姓就会有道,百姓有道万物就会有道,万物有道地球就会有道是做无得无;

做无得无是什么？做无得无是自然;

自然是什么？自然是道;

道是什么？道是规律。

因此,领导有道百姓就会有道,百姓有道万物就会有道,万物有道地球就会有道。

⑧无为无不为,万物将自安。

请问无为无不为,万物将自安是什么？无为无不为,万物将自安是自然;

自然是什么？自然是道;

道是什么？道是规律。

因此,无为无不为,万物将自安。

⑨万物同一,万物归属于道。

请问万物同一,万物归属于道是什么？万物同一,万物归属于道是自然;

自然是什么？自然是道;

道是什么？道是规律。

因此,万物同一,万物归属于道。

校勘简记

说明:本书采用的《道德经》原文,是以王弼注本为基础,兼采各家所长,间以一己之悟。出入异同,依古籍整理惯例标识附录于下:不用王弼注本或依自己体悟所删的字词放在圆括号内,采用他家或依自己体悟所改的字词放在方括号内。不录断句、标点的异同。句子前序号与正文中序号保持一致。

第二章

④〔而〕行不言之教。

⑤万物作焉而弗(辞)〔始〕。

第八章

⑦(正)〔政〕善治。

⑩夫唯不争,故无(尤)〔忧〕。

第九章

②揣而(梲)〔锐〕之。

⑤功(遂)〔成〕身退,天之道〔也〕。

第十章

②能〔如〕婴儿乎。

④能无(知)〔为〕乎。

⑤能(无)〔为〕雌乎。

⑥能无(为)〔知〕乎。

⑧为而不(持)〔恃〕

第十二章

④驰骋(畋)〔打〕猎令人心发狂。

⑥是以圣人〔之治〕。

第十三章

④〔辱为上〕,失之若惊。

注:原文语义不符合老子的思想,疑为年代久远和传抄的原因所致舛错,故对原文做了修改。

第十四章

⑤其上不(皦)〔徼〕。

⑥绳绳〔兮〕不可名。

⑦无(物)〔象〕之象。

第十五章

①古之善为(士)〔道〕者。

③豫(焉)〔兮〕若冬涉川。

⑥涣兮〔其〕若冰(之将)释。

⑪孰能安以(久)动之徐生。

⑬夫唯不盈,故能蔽(不)〔而〕新成。

第十六章

②吾以观〔其〕复。

⑤(是谓)〔静曰〕复命。

第十七章

⑦百姓皆谓(我)〔其〕自然。

注:原文"我"放在这里,属于前言不搭后语,故对原文作了修改。

第十八章

②(慧智)〔智慧〕出。

第十九章

⑦〔绝学无忧〕。

注:"绝学无忧"应该放在第十九章最后一句。放在原来的位置,属于前言不搭后语,不符合老子思想,故对原文做了修改。

第二十章

①(绝学无忧)。

②(善)〔美〕之与恶。

⑦〔沌沌兮〕如婴儿之未孩。

⑪(沌沌兮)俗人昭昭。

⑬(飂)〔飓〕兮若无止。

第二十四章

⑧余食赘(行)〔形〕。

第二十五章

④故〔强〕字之曰道。

⑧而(王)〔人〕居其一(焉)。

第二十六章

⑥轻则失(本)〔根〕。

第二十九章

⑦或(挫)〔载〕或隳。

第三十章

④〔故〕善(有)〔者〕果而已,不以(取)强〔取〕。

注:"不以取强"的意思不符合老子思想,疑为年代久远致传抄讹误,故对原文做了修改。

第三十一章

①夫(佳)兵者不祥之器。

②(君子居则贵左,用兵则贵右。兵者不祥之器,非君子之器。)不得已而用之,恬淡为上。

注:"夫佳兵者,不祥之器。物或恶之,故有道者不处"与"兵者,不祥之器,非君子之器"意思重复,不符合老子思想,故对原文做了修改。

"君子居则贵左,用兵则贵右"在原位置语义不能贯通,不符合老子思想,故移动了位置。

⑥(吉事尚左,凶事尚右),〔君子居则贵左,用兵则贵右〕。

⑦〔吉事尚左,凶事尚右〕。

⑩以〔悲〕哀(悲)泣之。

第三十四章

②功成〔而〕不有。

③衣(养)〔被〕万物而不为主,(常无欲),可名于小。

⑤以其终不(自)为大。

第三十六章

①必(固)〔故〕张之。

②必(固)〔故〕强之。

③必(固)〔故〕兴之。

④将欲(夺)〔取〕之,必(固)〔故〕与之。

知不易，行更难
——编后记

作者以"愚人"做笔名，初见时在编辑眼里也就是守分自谦之意，但这本书编下来，方对"愚人"之义有了更深的理解。倒不是说作者确实谦虚自约，实际上在坚持自己观点的时候甚至到了"顽固"的地步，而是说，作者研修老子之道十几年，不但有了自己的系统理解体悟，最难能可贵的是，体悟到了道的真义之后，就按照"道"的要求安排自己的生活，而且十多年如一日地恪守不渝，大有"饭疏食饮水，曲肱而枕之，乐亦在其中"的仙风古韵。他的生活和言论在外人看来，确实显得愚守过度，变通不足。所以我现在领会，愚人之义除了几分自嘲、无奈，应该还有几分自我期许和超脱红尘吧。

对《道德经》的解读，愚人并不强求编辑或读者的完全理解。他不以专家或学者自居，自然没有条条框框的束缚，反而可以自由地思考。他对经文的注释和解读颇为自许，有些确实是独特的发现，也有些与传统研究相比颇有"乖离"，不乏离经叛

○ 知不易，行更难

道、值得商榷之处；还有一些字词的解释，细究起来可以径直判为错误，但放在他的整体理解中又可以自圆其说。这可能与其丰富的阅历和长期的思考有关，愚人的思考既无什么束缚，也习惯于联系社会实际，其解读往往抓大放小、切合人性；从全书来看，反而表现出思路开阔、高屋建瓴的特点。在编辑过程中，我对愚人的坚持和辩解经常开玩笑说："你这是歪打正着。"愚人则故做委屈哀求状："你就从了我吧，从了我吧！"

近十年来国人对传统文化的研究、思考、反思日渐深入，而领悟之后就付诸实践的人尤觉精神可贵。古人说知易行难，对于真诚践行中国文化要义的人，我们都不得不付出自己的钦佩。编辑出版这部书稿，也算是对愚人的一个小小肯定和支持吧。

愚人嘱我属文相翼，自愧造诣疏浅，难有裨益，愚人谅我。

责任编辑：贾洪宝
2013 年 6 月 28 日